U0829211

八五普法·生活中的法律常识系列

# 民法典
# 物权
## 法律常识小全书

### 案例自测实用版

全民普法图书中心◎著

中国法制出版社
CHINA LEGAL PUBLISHING HOUSE

**图书在版编目（CIP）数据**

民法典物权法律常识小全书：案例自测实用版／全民普法图书中心著．—北京：中国法制出版社，2021．5

（生活中的法律常识系列）

ISBN 978－7－5216－1570－8

Ⅰ．①民… Ⅱ．①全… Ⅲ．①物权法－中国－通俗读物 Ⅳ．①D923．2－49

中国版本图书馆CIP数据核字（2021）第018054号

策划编辑：胡艺　　责任编辑：吕静云　周熔希　　封面设计：李宁

**民法典物权法律常识小全书：案例自测实用版**

MINFADIAN WUQUAN FALÜ CHANGSHI XIAOQUANSHU：ANLI ZICE SHIYONGBAN

著者/全民普法图书中心

经销/新华书店

印刷/三河市国英印务有限公司

开本/880毫米×1230毫米　32开　　印张/6．25　字数/103千

版次/2021年5月第1版　　2021年5月第1次印刷

中国法制出版社出版

书号ISBN 978－7－5216－1570－8　　定价：29．80元

北京西单横二条2号

邮政编码100031　　传真：010－66031119

**网址：http：//www．zgfzs．com**　　**编辑部电话：010－66038703**

**市场营销部电话：010－66033393**　　**邮购部电话：010－66033288**

（如有印装质量问题，请与本社印务部联系调换。电话：010－66032926）

# 出版说明

2020年12月，中共中央印发了《法治社会建设实施纲要(2020—2025年)》，由此，我国的普法工作迈进了第八个普法阶段。回首过去，我国的普法工作取得了很高的成就，有序的社会秩序、坚定的法治信仰在社会生活中落根繁衍，人们的法律意识日益增强，大家学习法律的热情也愈加高涨。特别是，随着《中华人民共和国民法典》《中华人民共和国刑法修正案（十一）》等重要法律法规的出台，许多与我们的生活密切相关的法律条文发生了变化。了解法律，学习法律，运用法律，势在必行。

在此，为了帮助大家学习法律知识，我们特别推出了一套《生活中的法律常识系列》。下面，我们一起来看看本套书的主要特色：

第一，内容广泛，分类科学。本套书的分册涉及物权、合同、抵押、婚姻继承、劳动、劳动合同、犯罪、道路交通、医疗、日常维权等多个领域，能充分满足大众学习法律知识的需求。并且，每个分册涉及法律知识门类专一，可以有效满足群众针对性学习法律知识的需要。

第二，以案说法，通俗易懂。众所周知，法律条文本身存在一定的晦涩难懂性，特别是对于一些法律术语，很多人不知其中含义，由此给大家的自学法律之路造成了一定的障碍。而对于法律普及工作而言，让读者看得进、想得通、搞得懂，是我们工作的价值所在。因此，本套书采用了以案说法、情景带入式的普法方式，让人们在案例故事及后续分析中感受法律的内涵，汲取法律的智慧。

第三，贴近实际，学以致用。法律是调控社会的工具之一。作为大众读者，我们学习法律的目的不外乎懂法、知权、维权、预防和解决纠纷等。那么，我们学习法律知识，阅读法律书籍就不能走马观花，一带而过，而是要进行深入的思考和领会。为此，我们在每一个案例分析后面，对应加入了“自测小题”板块，从而可以更好地让大家检验和巩固学习效果，达到学以致用的目的。

当然，本套书的更多内容和特色还需要大家品味之后才能一一领会。在此，我们也诚邀各位读者多提出批评与建议。

党的十九大把法治社会基本建成确立为到2035年基本实现社会主义现代化的重要目标之一。普法工作意义重大、任重道远。希望你我都能在普法大潮中乘风破浪，勇往直前。衷心希望本套书能成为各位学习法律的得力助手。

# 目　录

# 第一章

# 物权的设立与变更

## 房屋所有权转让一定要办理登记吗？

### 案例实录

马某夫妇是普通工人，因儿子要结婚，老两口便拿出积蓄为儿子买了一套二手房。将全部房款付给原房屋所有权人后，马某的儿子便住了进去。儿子让父母抓紧时间去办理房屋过户登记，不然就不能取得该房屋的所有权。但是，办理房屋过户登记手续需要缴纳一笔费用，老两口有些不舍得。而且，原房屋所有权人是马某的朋友，马某想应该不会出什么问题。那么，房屋所有权转让，是否一定要办理登记呢？

### 律师分析

《民法典》第二百零八条规定了物权设立和变动的公示原则。所谓物权公示原则，就是在财产的交易或者其他形式的变动过程中，必须将物权设立和变动的事实通过公开的、外在的、易于为人们查知的清晰透明的形式向社会展示，以避免第三人遭受损害，同时也有助于维护交易安全。本案中，马某虽然支付了房屋全款，但未办理房屋的过户登记，该行为不符合法律规定的房屋所有权转移的公示形式。因此他人无法从登记簿上了解该房屋产权变动的相关情况。所以，从法律上讲，马某并不是该房屋的所有权人，仅仅是事实上的占用使用人，因为房屋的所有权并未发生变动。所以，马某如果想取得该房屋的所有权，必须办理产权过户登记手续。

## 法条链接

**《中华人民共和国民法典》**

第二百零八条　不动产物权的设立、变更、转让和消灭，应当依照法律规定登记。动产物权的设立和转让，应当依照法律规定交付。

第二百零九条第一款　不动产物权的设立、变更、转让和消灭，经依法登记，发生效力；未经登记，不发生效力，但是法律另有规定的除外。

## 温馨提示

我国法律规定不动产物权的变动，经依法登记发生效力，而动产物权的变动自交付时发生效力。法律做出如此规定是因为不动产一般价值较高，对人们的正常生活具有较大的影响力，所以法律采取一种更为谨慎的方式向社会公开不动产物权的取得和变动情况，从而保护物权人和善意第三人的利益。

## 自测小题

选择：周某（买方）和秦某（卖方）签订了二手房买卖合同，但没有办理房屋所有权移转登记手续。关于买卖合同的效力和房屋的所有权，下列说法正确的是[1]（　）。

---

① 解答：C。

A. 买卖合同有效，房屋归周某所有

B. 买卖合同无效，房屋归秦某所有

C. 买卖合同有效，房屋归秦某所有

## 支付了部分房款，卖方又反悔了怎么办?

### 案例实录

甲将自己的一套住房卖给乙，双方签订房屋买卖合同后，乙支付给甲三分之一的价款。双方约定余款待过户手续办理完后付清。可是，双方签订合同后房价又上涨了很多，甲有些后悔，要求解除合同。乙不同意，起诉要求甲继续履行合同，转移房屋的所有权。那么，甲应否继续履行合同呢?

### 律师分析

《民法典》第二百一十五条规定:“当事人之间订立有关设立、变更、转让和消灭不动产物权的合同，除法律另有规定或者当事人另有约定外，自合同成立时生效；未办理物权登记的，不影响合同效力。”可见，甲与乙的房屋买卖合同符合法律规定，依法产生法律效力。另外，《民法典》第五百八十条第一款规定:“当事人一方不履行非金钱债务或者履行非金钱债务不符合约定的，对方可以请求履行，但是有下列情形之一的除外:（一）法律上或者事实上不能履行；（二）债务的标的不适于强制履行或者履行费用过高；（三）债权人在合理期限内未请求履行。”由案情可知，甲与乙之间不存在以上法条中的任何一种情况，甲与乙之间的合同有效，甲应继续履行合同。同时，《民法典》第五百六十三条规定："有下列情形之一的，当事人可以解除合同：（一）因不可抗力致使不能实现合同目的；（二）在履行期限届满前，当事人一方明确表示或者以自己的行为表明不履行主要债务；（三）当事人一方迟延履行主要债务，经催告后在合理期限内仍未履行；（四）当事人一方迟延履行债务或者有其他违约行为致使不能实现合同目的；（五）法律规定的其他情形。以持续履行的债务为内容的不定期合同，当事人可以随时解除合同，但是应当在合理期限之前通知对方。"本案中，不存在任何可以解除合同的依据，所以，甲必须履行合同，待乙支付全部房款后为其办理过户手续。

### 法条链接

**《中华人民共和国民法典》**

第二百一十五条　当事人之间订立有关设立、变更、转让和消灭不动产物权的合同，除法律另有规定或者当事人另有约定外，自合同成立时生效；未办理物权登记的，不影响合同效力。

第五百六十三条　有下列情形之一的，当事人可以解除合同：

（一）因不可抗力致使不能实现合同目的；

（二）在履行期限届满前，当事人一方明确表示或者以自己的行为表明不履行主要债务；

（三）当事人一方迟延履行主要债务，经催告后在合理期限内仍未履行；

（四）当事人一方迟延履行债务或者有其他违约行为致使不能实现合同目的；

（五）法律规定的其他情形。

以持续履行的债务为内容的不定期合同，当事人可以随时解除合同，但是应当在合理期限之前通知对方。

第五百八十条　当事人一方不履行非金钱债务或者履行非金钱债务不符合约定的，对方可以请求履行，但是有下列情形之一的除外：

（一）法律上或者事实上不能履行；

（二）债务的标的不适于强制履行或者履行费用过高；

（三）债权人在合理期限内未请求履行。

有前款规定的除外情形之一，致使不能实现合同目的的，人民法院或者仲裁机构可以根据当事人的请求终止合同权利义务关系，但是不影响违约责任的承担。

**温馨提示**

买卖双方签订的房屋买卖合同成立生效后，买卖双方之间便产生了合同关系。因此，在房屋买卖合同成立生效的前提下，双方应根据合同要求履行各自的义务，否则要承担违约责任。

**自测小题**

选择：当事人一方不履行合同义务或者履行合同义务不符合约定，承担违约责任的方式包括哪些？[1]（　）

A. 继续履行　　　　B. 采取补救措施

C. 赔偿损失

---

① 解答：A、B、C。

## 加油站能否建在居民小区附近?

### 案例实录

去年，徐某在某小区购买了一套商品房，并很快装修好入住。可是，住了几个月，烦恼就来了。最近，小区旁边不到10米处正在挖土动工。刚开始徐某没有在意，只是工地施工给自己出行带来些许不便，徐某也没往心里去。一天，徐某下班回家，在小区入口处看到很多小区里的居民聚集在一起议论纷纷。原来大家在说小区附近的在建工程，因为这个工程是建造一个加油站。徐某一听也有些担忧，加油站建在离小区这么近的地方会不会有什么危险呢？后居民代表与施工方交涉，但施工方表示建加油站有相关部门的许可和批文，还有土地使用权证。那么，居民们该怎么办？他们能否要求加油站另选地方呢？

### 律师分析

加油站作为存储大量易燃易爆物质的地方，建在离居民小区不到10米的范围内肯定是不妥的，存在巨大的安全隐患，一旦发生爆炸等事故，会给居民的人身财产安全造成难以估量的损失，而且加油站带来的车鸣噪声和增加的垃圾也会给居民的正常生活造成一定的不良影响。同时，根据《汽车加油加气站设计与施工规范》的规定，二级加油站与普通民用建筑物的安全距离为12米，三级加油站为10米。由此可见，该加油站的建立和营运不但损害小区居民的合法权益，而且不符合相关规定的要求。所以，小区居民可以先与施工方协商，如果协商无果，可以向有关政府部门及规划部门反映，也可以直接向法院起诉，要求加油站搬迁，以维护自己的合法权利。

## 法条链接

**《中华人民共和国民法典》**

第一百三十二条 民事主体不得滥用民事权利损害国家利益、社会公共利益或者他人合法权益。

## 温馨提示

根据自己的意志自由地行使享有的权利，这是《民法典》赋予物权人的权利，但物权的民事权利属性决定了它的取得和行使要受一定的限制，不能超过一定的合理界限，即物权人行使权利时必须遵守法律，尊重社会公共利益和其他人的合法利益，不得滥用。同时，任何公共权力机构不得无端以公共利益的名义限制甚至剥夺物权人的合法权利。

## 自测小题

选择：下列民事行为中，违反“禁止权利滥用”原则的是①（ ）。

A. 二楼的范某在自家阳台搭建雨棚，严重影响楼下住户房间的采光

B. 老李在老林家的耕地旁边开挖了一条小沟渠，以便自家采水

C. 陈某在自家院子里安装摄像头，适时监控家中孩子的动向

① 解答：A。

## 买来的车辆，开回家就属于你吗？

### 案例实录

辛某将自己的一辆轿车以10万元的价格卖给邻居王某，双方订立了买卖合同，王某随后将车开回家。由于办理机动车过户需要一笔费用，考虑到辛某是自己的邻居，两家平时关系很好，王某认为是否办理过户登记手续无所谓，所以双方未办理过户登记。一天，辛某突然找到王某，告诉他自己有急事，想将车借来用一用。王某就把车钥匙给了辛某。谁知，辛某将车借走后却以12万元的价格卖给了他的朋友马某，并在当天去相关部门办理了过户登记手续。王某多次催要未果，后来才得知车已经被卖给别人。那么，这辆车现在究竟属于谁呢？

### 律师分析

虽然《民法典》规定动产物权的设立和转让，自交付时发生效力。但法律也规定了例外的情况，如船舶、航空器和机动车的转让。另外，根据《民法典》第二百二十五条的规定，机动车的转让，未经登记，不得对抗善意第三人。也就是说，如果未经过所有权转让登记，即使你交了钱，把车开回家，车也不是你的。一旦原车主把车再转让给不知情的其他人并进行登记，这辆车就只能属于经过登记的受让人所有。本案就是这种情况，虽然王某先把车开回家，但是没有登记，而马某依法进行了登记，所以王某只能把车让给马某，但他可以要求辛某赔偿他购车款及因买车而产生的合理开支。

## 法条链接

**《中华人民共和国民法典》**

第二百二十四条　动产物权的设立和转让，自交付时发生效力，但是法律另有规定的除外。

第二百二十五条　船舶、航空器和机动车等的物权的设立、变更、转让和消灭，未经登记，不得对抗善意第三人。

## 温馨提示

《民法典》第二百二十五条对“未经登记，不得对抗善意第三人”中的“第三人”有一定的限制，即必须是“善意第三人”。如果该第三人属于恶意第三人，即该第三人在交易时就知道或者从其他相关信息中可以推测出该动产已经卖给别人，或者该第三人是不法侵害或占有交易动产的人、无效的登记名义人等，则机动车等特殊动产的物权设立、变更、转让、消灭，即使没有登记，也可以对抗该第三人。

## 自测小题

选择：下列选项中，不属于“善意第三人”的是①（　）。

A. 程某路过手机专卖店时，购买了一部9折优惠的手机，谁知该手机看似包装完好，其实是店家从盗窃惯犯那里低价受让的

B. 张某看见李某在商店拾得一部手机，主动上前攀谈，最终低价受让该手机

① 解答：B。

C. 小刚（7 岁）明知道叔叔挣钱不易，仍然在过年时向叔叔讨要压岁钱

## 遭遇开发商“一房二卖”怎么办？

### 案例实录

李先生与某房地产开发公司签订了购买合同，合同约定：李先生首付 50% 的购房款，余款 2 个月内付清。合同签订后，李先生及时交了首付款。谁知，曾先生也看中了这套房子，但他不知道房地产公司与李先生的购房情况，以更高的价钱与房地产开发公司办理了购房合同，并很快办好了不动产权证。那么，先签订合同的李先生应该怎么办呢？

### 律师分析

李先生与房地产开发公司签订的买卖合同是成立并生效的。根据《民法典》的规定，不动产的买卖、变更、转让等合同，自合同成立时生效，未办理物权登记不影响合同的效力。因此，李先生的购房合同有效。但是《民法典》同时规定，不动产物权的设立、变更、转让和消灭只有经过登记才发生法律效力，未经过登记则不发生效力。因为曾先生办理了不动产权证，已取得该房屋的所有权，所以，李先生只能根据商品房买卖合同的相关规定要求房地产公司赔偿自己的损失，而不能根据买卖合同取得房屋的所有权。

## 法条链接

**《中华人民共和国民法典》**

第二百零九条第一款　不动产物权的设立、变更、转让和消灭，经依法登记，发生效力；未经登记，不发生效力，但是法律另有规定的除外。

第二百一十五条　当事人之间订立有关设立、变更、转让和消灭不动产物权的合同，除法律另有规定或者当事人另有约定外，自合同成立时生效；未办理物权登记的，不影响合同效力。

## 温馨提示

购买商品房一定要谨慎。购房者在签订房屋买卖合同后，应尽快到有关房产登记部门办理过户登记手续，使自己成为法律所认可的房屋所有权人。如果购买的是预售房，应该到有关部门办理预告登记；如果购买的不是房地产开发企业出售的房屋，而是二手房等个人生活居住使用的房屋，更要及时办理过户登记手续，否则万一遇到“一房二卖”的情况，只能按照一般违约追究卖方的责任，而不能主张惩罚性赔偿责任，买房者要做到心中有数。

## 自测小题

选择：小李从杨某处购买了一套二手房，双方签订了买卖合同，约定2周后办理过户登记。后杨某又将该房屋卖给了姐夫江某，江某在合同签订当天便办理了过户登记。关于本案，下列说法正确的是①（　）。

① 解答：A。

A. 小李可以要求杨某承担违约责任

B. 小李可以要求江某承担侵权责任

C. 江某与杨某的买卖合同无效，房屋归小李所有

## 购买期房如何防止开发商“一房二卖”？

### 案例实录

廖某与某地产开发公司签订了一份别墅买卖合同。合同约定：廖某先支付一半的价款，等余款付清后双方办理房屋过户手续。在此期间，因该别墅地理位置、环境、配套设施等都很不错，想购买的人很多。廖先生虽然签订了房屋买卖合同，也支付了一半价款，但他心里仍不踏实。那么，他如何才能防止开发商将别墅另卖呢？

### 律师分析

廖某可以向登记机构申请预告登记。预告登记是指当事人约定买卖期房或者转让其他不动产物权时，为了限制卖方把该不动产另外转让给其他人，保障债权人将来取得物权而办理的登记。预告登记的功能是保护买受人所享有的权利。所以，当廖先生与地产开发公司签订了买卖合同，并有申请预告登记的约定后，就可以申请预告登记。这样，如果地产开发公司将该别墅再转卖给其他人，未经廖先生的同意，其转让行为是不发生法律效力的。但是预告登记也有时间限制，即预告登记之日起 90 天内未申请产权过户登记的，预告登记失效。所以，廖先生应在 90 天内办理过户登记，否则预告登记失效。

## 法条链接

**《中华人民共和国民法典》**

第二百二十一条 当事人签订买卖房屋的协议或者签订其他不动产物权的协议，为保障将来实现物权，按照约定可以向登记机构申请预告登记。预告登记后，未经预告登记的权利人同意，处分该不动产的，不发生物权效力。

预告登记后，债权消灭或者自能够进行不动产登记之日起九十日内未申请登记的，预告登记失效。

## 温馨提示

我国法律没有强制性地规定在购买期房时一定要进行商品房预告登记，预告登记只是买受人在购买商品房时防范风险的一种选择。但是，在现实生活中，由于房屋在尚未建成还不能办理正式过户登记手续时，开发商就可以预售期房，此时购房者即使订立了购房合同、支付了房款，也不能防止开发商“一房二卖”导致的购房者不能取得房屋的后果，只能在事后要求开发商承担违约责任。所以，在购买期房后，及时办理预告登记应是买受人维权的最佳选择。

## 自测小题

判断：购房者进行预告登记后，就可以什么都不用管了，等着发放房本就行。[1]（ ）

---

① 解答：错误。

## 没拿到不动产权证的房屋可以转让吗?

### 案例实录

上个月，郑某买了一套二手房，并于当天去登记机关申请办理房屋所有权转移登记。2 天后，登记机关将相关信息记载于不动产登记簿，并告诉郑某不动产权证 1 周后才能发放。就在这期间，郑某的妻子突发重症，急需大笔资金做手术。情急之下，郑某便想把房子卖给一个朋友，为妻子筹集医药费。但是，因为没有拿到不动产权证，郑某的朋友认为郑某不具备出售房屋的资格，不愿提前支付房款。那么，郑某没有拿到不动产权证是否能转让房屋呢?

### 律师分析

《民法典》第二百一十四条是关于不动产物权的设立、变更、转让、消灭发生效力的时间规定。本案中，自郑某将该房屋信息记载于登记机关的不动产登记簿时起，就成为该房屋的所有权人，他可以根据自己的意愿处置该房产。不动产权证不具有代表不动产物权的功能，只是一个证明，而登记机关的不动产登记簿才具有真正的法律效力，因为不动产登记簿是登记机关根据法律、事实和当事人的申请，完成了相应的房屋物权的设立、变更、转让、消灭的登记。所以，郑某可以出卖房屋，不受是否拿到不动产权证的影响。

### 法条链接

**《中华人民共和国民法典》**

第二百一十四条　不动产物权的设立、变更、转让和消灭，依照法律规定应当登记的，自记载于不动产登记簿时发生效力。

### 温馨提示

申请办理转让登记和发放不动产权证都不是房屋所有权转移的标志。当事人只有将房屋产权变动的事实记载于国家房屋登记机构的登记簿上，才算是房屋的真正所有权人。

### 自测小题

选择：不动产登记簿应当记载以下哪些事项？①（　）

A. 不动产的坐落、界址、空间界限、面积、用途等自然状况

B. 不动产权利的主体、类型、内容、来源、期限、权利变化等权属状况

C. 涉及不动产权利限制、提示的事项

D. 其他相关事项

## 已经卖出但没有交付的物品又被卖给第三人应该怎么办？

### 案例实录

陈某在邓某举办的画展上相中了一幅画。经双方协商后，邓某同意将画出售给陈某，但双方约定等办完展览后再将画交付。展览期间，邓某又将该画以更高的价格卖给了乔某，而乔某不知道邓某先前已将画卖给了陈某。那么，乔某与陈某谁拥有这幅画的所有权？

---

① 解答：A、B、C、D。

## 律师分析

乔某最终取得该画的所有权。本案涉及占有改定及善意取得两个法律问题。所谓占有改定，是转移动产所有权时，出让人基于生产、生活需要，经受让人同意继续占有动产，而动产所有权转移给受让人。本案中，邓某将画卖给陈某，约定由邓某占有该画至展览结束，就属于占有改定。这种情况下，该画的所有权从双方约定生效时起转移给陈某，即此时陈某是该画的所有权人。

本案涉及的另一个法律问题是善意取得。善意取得指动产由无权处分的占有人转让给不知情的善意第三人占有时，第三人一般可以依法取得动产的所有权或他物权，原动产所有人不得请求第三人返还，而只能要求转让人赔偿损失。本案中，邓某将画卖给陈某并约定占有改定后，陈某就是该画的所有权人，邓某无权再将该画卖给其他人。而受让人乔某不知道该画已不属于邓某所有，属于《民法典》规定的善意取得人，因此他可以最终享有该画的所有权。至于陈某的损失，可以要求邓某赔偿。

## 法条链接

**《中华人民共和国民法典》**

第二百二十八条　动产物权转让时，当事人又约定由出让人继续占有该动产的，物权自该约定生效时发生效力。

第三百一十一条　无处分权人将不动产或者动产转让给受让人的，所有权人有权追回；除法律另有规定外，符合下列情形的，受让人取得该不动产或者动产的所有权：

（一）受让人受让该不动产或者动产时是善意；

（二）以合理的价格转让；

（三）转让的不动产或者动产依照法律规定应当登记的已经登记，不需要登记的已经交付给受让人。

受让人依据前款规定取得不动产或者动产的所有权的，原所有权人有权向无处分权人请求损害赔偿。

当事人善意取得其他物权的，参照适用前两款规定。

### 温馨提示

所谓“占有改定”，是指转让人和受让人在转让动产物权时，如果转让人希望继续占有该动产，当事人双方可以订立一个租赁合同，特别约定转让人可以继续占有该动产，而受让人因此取得对标的物的间接占有以代替标的物的实际交付。占有改定的目的是使转让人继续占有该标的物，从而既符合转让人的要求，又能继续发挥物的效用。但是，当事人达成的占有改定约定，仅在当事人彼此之间产生法律效力，动产物权的变动也只能在当事人之间生效，不能对抗善意第三人。

### 自测小题

选择：小李从杨某处购买了一辆二手车，双方签订了买卖合同，约定2周后到杨某处提车。后杨某又将该车卖给了江某，江某在合同签订当天便支付了购车款并提走了车。关于买卖合同的效力与二手车的归属，下列说法正确的是①（　）。

① 解答：B。

A. 小李与杨某的买卖合同无效，二手车归江某所有

B. 小李与杨某的买卖合同有效，二手车归江某所有

C. 江某与杨某的买卖合同无效，二手车归小李所有

## 房屋登记错误怎么办？

### 案例实录

无住房的董女士一直与母亲生活在一起，照顾其生活起居，母亲答应在自己去世后将现在的住房留给女儿。但董女士的哥哥也一直惦记着这套房子，经常为房子的事与母亲、妹妹发生争执。几年后母亲去世，当董女士去办理房屋过户手续时，才发现哥哥已抢先将房屋过户到自己名下，并准备把房子转让出去。此时的董女士又伤心又无奈。她应该怎么办呢？

### 律师分析

实践中，不动产登记簿上记载的权利可能因种种原因而并不真实，给所有权人造成很大的损失。因此，《民法典》规定了更正登记和异议登记制度来最大限度地保护所有权人的利益。本案即属于此种情况。所以，董女士可以通过更正登记和异议登记来维护自己的权益。《民法典》第二百二十条规定，权利人、利害关系人认为不动产登记簿记载的事项错误的，可以申请更正登记。所以，如果董女士有充分的证据证明自己是该房屋的所有权人，可以向登记机关申请予以更正。此外，董女士还可以采取异议登记的措施维护自己的权益。需要注意的是，虽然异议登记不需要确

凿的证据，只要根据自己的请求便可以及时办理，但异议登记是有时间限制的，即如果从异议登记之日起的15天内不起诉，异议登记失效。因此，董女士可以先申请异议登记，然后收集证据并在15日内起诉。

## 法条链接

**《中华人民共和国民法典》**

第二百二十条　权利人、利害关系人认为不动产登记簿记载的事项错误的，可以申请更正登记。不动产登记簿记载的权利人书面同意更正或者有证据证明登记确有错误的，登记机构应当予以更正。

不动产登记簿记载的权利人不同意更正的，利害关系人可以申请异议登记。登记机构予以异议登记，申请人自异议登记之日起十五日内不提起诉讼的，异议登记失效。异议登记不当，造成权利人损害的，权利人可以向申请人请求损害赔偿。

## 温馨提示

异议登记的作用不是消除或变更现存的不动产登记簿上记载的内容，也不发生变更不动产登记的效力。此时出卖人仍然可以出卖其房屋，买受人也可以接受该房屋。异议登记的作用仅仅在于将权利人或利害关系人的异议记载于登记簿上，告知想要与登记簿上记载的权利人进行交易的第三人，该不动产的所有权正处于一种不确定的状态，与现在登记簿上记载的权利人进行买卖有一定的潜在风险，进而排除了第三人善意取得该不动产的可能性。

### 自测小题

判断：异议登记后，未经异议登记人同意，处分该不动产的，不发生物权效力。[①]（ ）

## 因登记机关错误造成的损失，登记机关应负责赔偿吗？

### 案例实录

李先生买了一套住房。可是，搬进去还不到 1 个月，就有人以房东的名义来收房租。李先生感觉莫名其妙。后经调查得知，来收房租的肖先生是原来的房主，而李先生是从承租人孙某手中买的房。孙某曾以买房的名义将原房主肖先生的相关证件拿走，用假证件掉了包，并与李先生办理了房屋过户手续。肖先生要求登记机关撤销李先生的登记，并赔偿自己的损失。那么，肖先生的请求会得到法院的支持吗？

### 律师分析

肖先生不能要求登记机关撤销李先生的房屋登记，但可以要求登记机关赔偿其损失。《民法典》规定，受让人受让财产时是善意的，原所有权人有权向无处分权人请求赔偿损失。本案中，作为受让人的李先生善意取得了该房屋的所有权，肖先生不能要求登记机关撤销其登记。对于肖先生因此遭受的损失，《民法典》规定，因登记错误，给他人造成损害的，登记机构应当

① 解答：错误。

承担赔偿责任。因此，登记机关未发现孙某以调包的证件办理登记手续，造成登记错误，给肖先生造成了损失，应当承担赔偿责任。

## 法条链接

**《中华人民共和国民法典》**

第二百二十二条　当事人提供虚假材料申请登记，造成他人损害的，应当承担赔偿责任。

因登记错误，造成他人损害的，登记机构应当承担赔偿责任。登记机构赔偿后，可以向造成登记错误的人追偿。

## 温馨提示

虽然《民法典》对登记机关因登记错误造成的损失应当承担赔偿责任作出了规定，但目前我国尚未制定完整的不动产登记法，有关不动产登记的相关规定散见于诸多法律法规或部门规章中，对登记机关的赔偿责任缺乏明确、统一的规定。所以在相关的法律法规出台前，还是按照现有的规定认定登记机构的赔偿责任。现有的规定倾向于登记机关及其工作人员只在因为过错导致登记错误时，才承担赔偿责任。

## 自测小题

选择：小吴是某地不动产登记机构的工作人员，其不得有以下哪些行为？①（　）

A. 擅自修改邻居张某的不动产登记事项

① 解答：A、B、C。

B. 泄露情敌的不动产登记资料和登记信息

C. 协助亲属大吴伪造、变造不动产权属证书

## 合同中的房屋面积与土地登记簿记载的不一致以哪个为准？

### 案例实录

乙向甲购买一套住房，该不动产权证上标明的面积是70平方米。双方签订购房合同后，乙支付了全部价款80万元。后双方去办理房屋过户登记手续。可是，乙发现该房屋在土地登记簿上标明的房屋面积是68平方米，便要求甲减少房屋价款，退还多收的2平方米费用，甲不同意。那么，在此种情况下，该房屋的面积到底应该以哪个记录为准呢？

### 律师分析

该房屋的面积应该以土地登记簿上标明的面积为准。《民法典》规定，不动产权属登记证书与土地登记簿记载不一致的，以土地登记簿为准。因此本案中虽然产权证上的房屋面积比土地登记簿上的面积多2平方米，但房屋的面积还是应以土地登记簿上的记载为准。

### 法条链接

**《中华人民共和国民法典》**

第二百一十七条　不动产权属证书是权利人享有该不动产物权的证明。不动产权属证书记载的事项，应当与不动产登记簿一致；记载不一致的，除有证据证明不动产登记簿确有错误外，以不动产登记簿为准。

### 温馨提示

不动产权属证书的证据效力低于不动产登记簿，这是物权公示原则的必然结果，因为只有登记簿上的记载才具有公信力，才是权利归属的证明。其他人也要通过到登记机关查阅登记簿，才能了解对方是否为真正的权利人，以及该房屋上是否设立了抵押等情况。所以，一定要正确认识不动产权属证书和不动产登记簿上记载事项的效力和作用。

### 自测小题

选择：不动产登记机构受理不动产登记申请的，应当查验以下哪些事项?[①]（ ）

A. 不动产界址、空间界限、面积等材料与申请登记的不动产状况是否一致

B. 有关证明材料、文件与申请登记的内容是否一致

C. 登记申请是否违反法律、行政法规规定

## 房屋越大，办理登记所需的费用就越高吗?

### 案例实录

老吴把市里的一套小房子卖掉后，在郊区买了一套150平方米的大房子。老吴去登记机关为新房子办理房屋登记时，登记机关向他收取的登记费用比自己之前的那套小房子贵许多。老吴感

① 解答：A、B、C。

觉很奇怪，怎么会相差这么多呢？后工作人员告诉他，房屋登记费按房屋面积收取，面积大自然收费高。老吴不明白，登记机关的说法是否有道理？

## 律师分析

登记机关的说法没有道理，按照房屋面积收登记费是违反法律规定的。《民法典》第二百二十三条就是关于不动产登记费用按件收取原则的规定。这一规定就是为了降低登记费用，鼓励人们积极申请登记，实现公示公信效力的目的。所以，按照不动产的面积、体积或者价款的比例收取登记费都是被法律所禁止的。本案中，老吴应该要求登记机关按照有关部门规定的标准收取登记费。

## 法条链接

**《中华人民共和国民法典》**

第二百二十三条　不动产登记费按件收取，不得按照不动产的面积、体积或者价款的比例收取。

## 温馨提示

我国各地的不动产登记收费标准曾极不统一，有按照不动产的面积收取的，也有按照不动产的评估价值收取的。但总体来说，这些收费标准都偏高，直接减弱了人们对不动产登记的积极性和主动性，影响了登记的公信力。《民法典》第二百二十三条的规定确定了不动产登记的收费标准，维护了人民群众的切身利益。

### 自测小题

选择：老杨去给自己的房屋办理房产登记，在申请登记时，被要求按房产市场估值的5‰交费。那么，老杨可以怎么办?[①]（ ）

A. 拒绝并向有关部门进行投诉

B. 按要求交费

C. 要求少交一点

## 经过预告登记的房屋，卖方还可以把它抵押吗？

### 案例实录

周先生将自己的一套自住房卖给穆先生，两人签订了房屋买卖合同，并约定择日去办理过户登记手续。为了保障自己的权利不被侵害，穆先生对该房屋进行了预告登记。后来，周先生因为急需用钱，又将该房屋以20万元的价格抵押给牛某，并办理了抵押登记。那么，牛某的抵押权对穆先生是否有效呢？

### 律师分析

牛某的抵押权对穆先生是无效的。为了保障房屋购买人的权益，《民法典》规定了预告登记制度，即当事人签订买卖房屋或者其他不动产物权的协议后，为保障将来实现物权，按照约定可以向登记机构申请预告登记。建立本制度的目的是限制不动产权利人“一物二卖”及擅自抵押等行为，保护市场交易安全有序，

① 解答：A。

并保证购买人的利益实现。也就是说，一旦进行了登记预告，在有效期限内，原房主将此房屋再次出售或者抵押的行为就是无效的。本案中，由于穆先生对该房屋进行了预告登记，所以周先生后设定的抵押权对穆先生不发生效力。

## 法条链接

**《中华人民共和国民法典》**

第二百二十一条　当事人签订买卖房屋的协议或者签订其他不动产物权的协议，为保障将来实现物权，按照约定可以向登记机构申请预告登记。预告登记后，未经预告登记的权利人同意，处分该不动产的，不发生物权效力。

预告登记后，债权消灭或者自能够进行不动产登记之日起九十日内未申请登记的，预告登记失效。

## 温馨提示

预告登记的本质特征是使被登记的请求权具有物权的效力。也就是说，进行了预告登记的请求权，对后来发生的与该项请求权内容相同的不动产物权的处分行为，具有对抗的效力。这样，所登记的请求权就能得到保护。预告登记具有物权的排他效力，所以开发商违背预告登记内容的处分行为不发生法律效力，这些处分行为既包括“一房二卖”，也包括给已出售的房屋设定抵押权等。

## 自测小题

选择：以不动产抵押的，抵押权自何时设立？①（　）

① 解答：C。

A. 抵押合同成立时　　B. 抵押合同生效时

C. 办理抵押登记时

## 抵押的房屋被他人损坏，谁有权提出赔偿？

### 案例实录

杜先生、马先生、胡先生曾是好朋友，后杜先生与胡先生因琐事闹纠纷，二人便不再来往。一次杜先生做生意，急需资金周转，便将自己的一套住房抵押给马先生，二人依法办理了抵押登记手续。胡先生听说此事后，便有意损毁了杜先生抵押给马先生的房屋，使其遭受了损失。那么，针对胡先生的行为，应该由杜先生还是马先生提出赔偿呢？

### 律师分析

杜先生和马先生都有权向胡先生提出赔偿。当不动产或动产毁损时，《民法典》提供了修理、重作、更换、恢复原状以及损害赔偿请求权这几种保护物权的方式来维护权利人的合法权益。本案中，杜先生是该房屋的所有权人，马先生是房屋的抵押权人，二人都属于法律规定的“权利人”，均有权向胡先生提出赔偿请求。

### 法条链接

**《中华人民共和国民法典》**

第二百三十七条　造成不动产或者动产毁损的，权利人可以依法请求修理、重作、更换或者恢复原状。

第二百三十八条　侵害物权，造成权利人损害的，权利人可以依法请求损害赔偿，也可以依法请求承担其他民事责任。

### 温馨提示

承担修理、重作、更换、恢复原状以及损害赔偿责任的归责原则是无过错责任原则。也就是说，不管加害人在主观上是故意还是过失，只要这个损害后果是由他的行为造成的，他就应当承担民事责任，而不是说只要加害人主观上不是故意的就可以不承担责任。

### 自测小题

选择：根据现行法的规定，行为人妨害物权或者可能妨害物权时，权利人可以请求[①]（　）。

A. 排除妨害　　　　B. 消除危险

C. 赔偿损失

## 继承的房屋未进行产权登记就转让的行为有效吗？

### 案例实录

王某的父亲突患疾病去世，留下一套房产。王某继承了该房产，但未办理过户登记手续。后来，宋某与王某商量，打算购买此房，二人便签订了房屋买卖协议，宋某交了房款，王某把该房产交给宋某。此时，王某的妹妹提出异议，认为该房产有她的继

① 解答：A、B。

承份额，哥哥无权擅自将该房产卖给宋某，要求宋某返还房子。那么，如果王某侵犯了妹妹对房子的继承权，他的妹妹能否主张王某的转让行为无效呢？

## 律师分析

王某的妹妹可以主张王某的转让行为无效，宋某不能取得房屋的所有权。根据《民法典》的规定，因继承取得房屋的，自继承开始时发生效力，不需要办理登记手续。但《民法典》还规定，通过继承取得房屋所有权的，如果要将房屋转让给他人，就必须经过登记才发生物权效力。也就是说，如果没有将房屋过户到自己名下，转让行为是不发生物权效力的。

## 法条链接

**《中华人民共和国民法典》**

第二百二十九条　因人民法院、仲裁机构的法律文书或者人民政府的征收决定等，导致物权设立、变更、转让或者消灭的，自法律文书或者征收决定等生效时发生效力。

第二百三十条　因继承取得物权的，自继承开始时发生效力。

第二百三十二条　处分依照本节规定享有的不动产物权，依照法律规定需要办理登记的，未经登记，不发生物权效力。

## 温馨提示

《民法典》第二百三十二条规定的“依照法律规定需要办理登记的，未经登记，不发生物权效力”并不意味着在房屋登记前，继承人就不能与他人签订房屋买卖合同。因为未经登记处分该房屋时，只是不发生物权效力，即买受人不能取得该房屋的所有权，但双方当事人签订的房屋买卖合同因符合法律规定，依法产生法律效力。所以，买受人可以持该买卖合同要求继承人或他人履行合同，办理房屋的过户登记手续或要求对方赔偿损失。

### 自测小题

选择：小辉与阿根因房屋所有权确权纠纷起诉到法院，后人民法院判决认定房屋所有权归小辉所有，阿根应限期搬出房屋。但阿根不仅不搬离房屋，还擅自将房屋转让给了林某（仅订立买卖合同）。关于本案，下列说法正确的有[①]（　）。

A. 买卖合同无效，房屋归小辉所有，林某有权要求阿根承担违约责任

B. 买卖合同有效，房屋归林某所有，小辉有权要求阿根承担违约责任

C. 买卖合同有效，房屋归小辉所有，林某有权要求阿根承担违约责任

① 解答：C。

# 第二章
# 所有权

## 征收不动产有哪些补偿?

### 案例实录

因进行统一规划，某村土地被征收，村民们除了搬进政府安排的住宅外，一直没见到其他补偿。村民们很困惑，他们想知道，按照法律规定，他们可以获得哪些补偿来保障自己以后的生活?

### 律师分析

征收是国家以行政权取得他人财产的行为。征收必须出于公共目的，非基于公共目的不得动用征收权；征收必须经过法定程序；征收还必须按照一定的标准对被征收人予以补偿。《民法典》第二百四十三条明确规定了征收土地、房屋及其他不动产应补偿的项目。即：征收集体所有的土地，应当依法足额支付土地补偿费、安置补助费、地上附着物和青苗的补偿费等费用，安排被征地农民的社会保障费用，保障被征地农民的生活，维护被征地农民的合法权益。同时，《民法典》第二百六十一条也规定，土地补偿费等费用的使用、分配办法不仅必须公开，而且需经本集体成员决定。所以，村民们可以依法获得土地补偿费、安置补助费、地上附着物和青苗的补偿费等补偿费用，并可以集体决定费用的使用与分配办法。

## 法条链接

**《中华人民共和国民法典》**

第二百四十三条　为了公共利益的需要，依照法律规定的权限和程序可以征收集体所有的土地和组织、个人的房屋以及其他不动产。

征收集体所有的土地，应当依法及时足额支付土地补偿费、安置补助费以及农村村民住宅、其他地上附着物和青苗等的补偿费用，并安排被征地农民的社会保障费用，保障被征地农民的生活，维护被征地农民的合法权益。

征收组织、个人的房屋以及其他不动产，应当依法给予征收补偿，维护被征收人的合法权益；征收个人住宅的，还应当保障被征收人的居住条件。

任何组织或者个人不得贪污、挪用、私分、截留、拖欠征收补偿费等费用。

第二百六十一条　农民集体所有的不动产和动产，属于本集体成员集体所有。

下列事项应当依照法定程序经本集体成员决定：

（一）土地承包方案以及将土地发包给本集体以外的组织或者个人承包；

（二）个别土地承包经营权人之间承包地的调整；

（三）土地补偿费等费用的使用、分配办法；

（四）集体出资的企业的所有权变动等事项；

（五）法律规定的其他事项。

### 温馨提示

征收是以社会公共利益为直接目的，政府依法定程序强制获得他人财产权利并必须支付补偿费用的行为。征收一般需符合3个条件：（1）出于公共利益的需要；（2）依照法定的权限和程序；（3）合理补偿。根据《民法典》的规定，征收按照不同的客体可分为对土地的征收和对房屋的征收。对集体所有土地的征收，要依照《民法典》第二百四十三条第二款的规定；对于单位、个人房屋及其他不动产的征收，要依照该条第三款的规定。该条第四款规定了征收款的保存义务，即任何单位和个人不得贪污、挪用、私分、截留、拖欠征收补偿费等费用。

### 自测小题

填空：对被征收房屋价值的补偿，不得低于__________。①

## 征收基本农田需要哪个部门批准？

### 案例实录

县财政局的李局长找到国土局的张局长，对他说："老张，我把村里的老宅盖成了楼房，马上就退休了，我准备去那里养老。关于土地征收的问题，你帮忙解决一下吧。"张局长急忙问明情况。原来，李局长在原来宅基地的基础上把楼房往前移了20多米，直接把楼房盖到了菜地上。如此一来，张局长就不能答应李

① 解答：房屋征收决定公告之日被征收房屋类似房地产的市场价格。

局长的请求了。李局长却觉得，不过是往前挪了20多米，影响不大，县国土局批准就行了。那么，真的像李局长理解的那样，县国土局可以改变农田的基本用途吗?

## 律师分析

李局长的认识是错误的。我国对基本农田保护区的耕地实行特殊保护。“基本农田”是根据一定时期人口和国民经济对农产品的需求及对建设用地的预测而确定的在土地利用总体规划期内经国务院批准不得占用的耕地。《土地管理法》第四十六条规定，征收永久基本农田，由国务院批准。可见国家对基本农田的重视程度。另外，《民法典》第二百四十四条规定：“国家对耕地实行特殊保护，严格限制农用地转为建设用地，控制建设用地总量。不得违反法律规定的权限和程序征收集体所有的土地。”所以，李局长的想法与我国的土地政策严重背离，他必须恢复原土地的使用性质。

## 法条链接

**《中华人民共和国土地管理法》**

第四十六条　征收下列土地的，由国务院批准：

（一）永久基本农田；

（二）永久基本农田以外的耕地超过三十五公顷的；

（三）其他土地超过七十公顷的。

征收前款规定以外的土地的，由省、自治区、直辖市人民政府批准。

征收农用地的，应当依照本法第四十四条的规定先行办理农用地转用审批。其中，经国务院批准农用地转用的，同时办理征地审批手续，不再另行办理征地审批；经省、自治区、直辖市人民政府在征地批准权限内批准农用地转用的，同时办理征地审批手续，不再另行办理征地审批，超过征地批准权限的，应当依照本条第一款的规定另行办理征地审批。

**《中华人民共和国民法典》**

第二百四十四条　国家对耕地实行特殊保护，严格限制农用地转为建设用地，控制建设用地总量。不得违反法律规定的权限和程序征收集体所有的土地。

## 温馨提示

《民法典》明确规定，严格控制农用地转为建设用地，这是保障国家长远发展、经济平衡以及社会稳定的必然要求。我国是一个农业大国，农业人口众多，农村的安定是整个国家和社会安定的基础。土地是农民的生存之本，国家只有制定严格有效的农村土地保护制度，才能为国家的安定团结和农村经济的发展提供坚实的基础。

## 自测小题

选择：依法划定永久基本农田后，还可以擅自占用或改变用途吗？[①]（　）

A. 不得擅自占用，但可以改变用途

B. 不得擅自占用，也不得改变用途

C. 可以擅自占用，但不得改变用途

① 解答：B。

## 农用地上可以建房吗?

### 案例实录

一直在外打工的杜某厌倦了城市生活，回到了村里。可是，回到村里后杜某没有找到理想的工作，便整天四处闲逛。一天，杜某走到村头，竟然发现有一大片空置的土地无人管理，杂草丛生。杜某略加思索，便有了主意。他赶紧找到村委会，要求把这块地租下来。在签订合同时，村委会一再强调这是耕地，不能改变用途，杜某一口答应下来。双方遂把土地用途写在了合同里。后来，杜某便开始运砖瓦，准备建房屋做旅游接待生意。村委会负责人找到杜某交涉，要求其按照该土地用途使用。那么，杜某能否在该土地上建设房屋呢?

### 律师分析

杜某的做法显然是违法的。按照《土地管理法》的相关规定，擅自在耕地上建房，破坏种植条件的，如果构成犯罪，应依法追究刑事责任。《民法典》第二百四十四条也对耕地的特殊保护作出硬性规定，农用地转为建设用地，必须符合土地利用总体规划、城市总体规划、村庄和城镇规划，纳入年度土地利用计划，并依法办理农用地转用审批手续。禁止通过“以租代征”的方式使用农民集体所有农用地进行非农业建设，擅自扩大建设用地规模。所以，杜某只能按照合同约定，依法使用该土地。

### 法条链接

**《中华人民共和国民法典》**

第二百四十四条　国家对耕地实行特殊保护，严格限制农用地转为建设用地，控制建设用地总量。不得违反法律规定的权限和程序征收集体所有的土地。

**《中华人民共和国土地管理法》**

第三十七条第二款　禁止占用耕地建窑、建坟或者擅自在耕地上建房、挖砂、采石、采矿、取土等。

## 温馨提示

我国地少人多，耕地资源宝贵且后备贫乏，所以，国家历来重视对耕地的保护，实行严格的耕地保护制度，严格控制农用地转为建设用地。另外，国家还对保护耕地作了许多规定，如禁止闲置、荒芜耕地；开发未利用土地，适宜开发为农用地的，应当优先开发成农用地等；对非农业建设用地的原则是，必须节约使用土地，可以利用荒地的，不得占用耕地，可以利用劣地的，不得占用好地；禁止占用耕地建窑、建坟或者擅自在耕地上建房、挖砂、采石、采矿、取土等。

## 自测小题

选择：永久基本农田转为建设用地，需要哪个单位批准？[1]（　）

A. 国务院　　B. 省级人民政府

C. 县级以上人民政府

① 解答：A。

## 发包给农民的土地可以随意调整吗?

### 案例实录

村民冯某承包了一块地搞果树种植。村主任家紧挨着冯某也承包了一块土地，同样搞果树种植。经过七八年的精心打理，冯某的果树长势很好，收益也很多。看着果树改变着自己的生活，冯某一家别提有多高兴。再看看旁边村主任家的果树，因为长期疏于管理，长得很不理想，收成也不让人满意。一天，村主任找到冯某，要求和冯某换地，理由是冯某技术好，管理哪块地都能管得很好。冯某不同意。村主任表示，如果冯某不同意换地，他就组织村委会投票决议，到时候冯某不换也得换。那么，已经承包的土地是否可以随意调整?

### 律师分析

按照《民法典》的规定，村里的土地属于集体成员集体所有。如果要进行个别承包，必须依照法定程序经集体成员决定。另外，根据《农村土地承包法》的相关规定，承包期内，发包方不得调整承包地。本案中，如果村主任利用职权或者人际关系取得村民会议或村民代表的同意，冯某可以向乡（镇）人民政府和县级人民政府农业行政主管部门反映情况，请求他们调查村主任的侵权行为。另外，《农村土地承包法》规定任何人强迫承包方进行土地承包经营权流转的，该流转无效。承包合同任何一方不履行合同义务、任意撕毁合同，都必须按照《民法典》合同编的规定承担违约责任，包括恢复原状、赔偿损失。发生纠纷的，可以请求乡（镇）人民政府等调解解决，也可以申请仲裁或者向人民法院起诉。

### 法条链接

**《中华人民共和国民法典》**

第二百六十一条　农民集体所有的不动产和动产，属于本集体成员集体所有。

下列事项应当依照法定程序经本集体成员决定：

（一）土地承包方案以及将土地发包给本集体以外的组织或者个人承包；

（二）个别土地承包经营权人之间承包地的调整；

……

第二百六十五条　集体所有的财产受法律保护，禁止任何组织或者个人侵占、哄抢、私分、破坏。

农村集体经济组织、村民委员会或者其负责人作出的决定侵害集体成员合法权益的，受侵害的集体成员可以请求人民法院予以撤销。

**《中华人民共和国农村土地承包法》**

第二十八条　承包期内，发包方不得调整承包地。

承包期内，因自然灾害严重毁损承包地等特殊情形对个别农户之间承包的耕地和草地需要适当调整的，必须经本集体经济组织成员的村民会议三分之二以上成员或者三分之二以上村民代表的同意，并报乡（镇）人民政府和县级人民政府农业农村、林业和草原等主管部门批准。承包合同中约定不得调整的，按照其约定。

### 温馨提示

土地承包直接关系到本集体成员的切身利益，因此土地承包应当按照法定程序进行：（1）由本集体经济组织成员的村民会议选举产生承包工作小组；（2）由该承包工作小组依照法律法规的规定拟订并公布承包方案；（3）依法召开本集体经济组织成员的村民会议，讨论承包方案。承包方案必须经本集体经济组织成员的村民会议三分之二以上成员或者三分之二以上村民代表同意。

### 自测小题

选择：根据现行法的规定，哪些土地应当用于调整承包土地？[①]（　）

A. 集体经济组织依法预留的机动地

B. 通过依法开垦等方式增加的土地

C. 发包方依法收回和承包方依法、自愿交回的土地

## 嫁到外村的妇女的责任田被征收，能获得补偿吗？

### 案例实录

小芳是甲村村民，与乙村村民张某结婚。婚后，小芳的户口一直未迁入乙村。不久前，甲村搞经济开发建设，村民的土地被依法征收。村民组召开村民会议，决定将土地补偿费按照本村现

① 解答：A、B、C。

有人口进行分配，但未分配给小芳。小芳得知此事后，找到甲村村委员会，要求给予她土地补偿费。村委员会的答复是小芳已经出嫁，不属于本村的人，所以不能享受本村的待遇。那么，村民嫁到外村，就不能享受被征收土地补偿了吗？

## 律师分析

村委会的做法没有法律依据，侵犯了小芳的合法权利。为了维护被征地农民的利益，保障被征地农民的生活，《民法典》明确规定，农民的土地被国家征收后，不但有权获得青苗补助费，还可以获得土地补偿费、安置补助费、地上附着物补偿费等。另外，根据《妇女权益保障法》的规定，妇女在农村土地承包经营、集体经济组织收益分配、土地征收或者征用补偿费使用以及宅基地使用等方面，享有与男子平等的权利。任何人不得以妇女未婚、结婚、离婚、丧偶等为由，侵害妇女在农村集体经济组织中的各项权益。本案中，小芳虽然嫁到外村，但她的户口没有迁出，仍然是本村人，有权获得国家关于征地的所有补偿。

## 法条链接

**《中华人民共和国民法典》**

第二百四十三条第二款　征收集体所有的土地，应当依法及时足额支付土地补偿费、安置补助费以及农村村民住宅、其他地上附着物和青苗等的补偿费用，并安排被征地农民的社会保障费用，保障被征地农民的生活，维护被征地农民的合法权益。

**《中华人民共和国妇女权益保障法》**

第三十二条　妇女在农村土地承包经营、集体经济组织收益分配、土地征收或者征用补偿费使用以及宅基地使用等方面，享有与男子平等的权利。

第三十三条第一款　任何组织和个人不得以妇女未婚、结婚、离婚、丧偶等为由，侵害妇女在农村集体经济组织中的各项权益。

## 温馨提示

男女平等是《宪法》规定的一项基本原则。法律赋予妇女，包括广大农村妇女的权利，任何组织和个人都不得非法剥夺。《民法典》第二百六十一条第一款规定："农民集体所有的不动产和动产，属于本集体成员集体所有。"这里的农民集体成员有两个特征：一是平等性，即不分加入集体时间长短，不分出生先后，不分贡献大小，不分有无财产投入等，其成员资格一律平等；二是地域性和身份性，即只要是本村村民，出生后自动享有本村村民资格。需要说明的是，农民只能在一个农民集体内享有成员权利，不能同时享有两个或多个集体成员权利。

## 自测小题

选择：承包期内，妇女结婚，在新居住地未取得承包地的，发包方可以收回其原承包地吗？①（　）

A. 可以　　　　B. 不可以

C. 仅能收回一部分

① 解答：B。

## 无处分权人以明显不合理的价格转让财产，受让人是否适用善意取得？

### 案例实录

袁某急需一台电脑，便托朋友方某帮其购买一台。正好方某手里有一台新电脑急于出手，方某便将该电脑以500元的价格卖给袁某，而袁某也因为价格便宜欣然接受。谁知，1周后某公司工作人员找到袁某，告诉他这台电脑是方某在离职前从公司偷的，要求袁某归还。袁某认为自己是花钱买到的，自己购买电脑的行为属于善意，不应该返还。那么，袁某能否因善意取得而拥有该电脑的所有权？

### 律师分析

袁某不能以善意取得获得该电脑的所有权。《民法典》第三百一十一条第一款规定："无处分权人将不动产或者动产转让给受让人的，所有权人有权追回；除法律另有规定外，符合下列情形的，受让人取得该不动产或者动产的所有权：（一）受让人受让该不动产或者动产时是善意；（二）以合理的价格转让；（三）转让的不动产或者动产依照法律规定应当登记的已经登记，不需要登记的已经交付给受让人。"方某将原公司电脑偷出出售，其对该电脑是无处分权人。虽然袁某不知道内情，但他是以明显低于市场价的价格购买的，因此不适用善意取得。袁某应当将该电脑返还公司。

### 法条链接

**《中华人民共和国民法典》**

第三百一十一条第一款　无处分权人将不动产或者动产转让

给受让人的，所有权人有权追回；除法律另有规定外，符合下列情形的，受让人取得该不动产或者动产的所有权：

（一）受让人受让该不动产或者动产时是善意；

（二）以合理的价格转让；

（三）转让的不动产或者动产依照法律规定应当登记的已经登记，不需要登记的已经交付给受让人。

### 温馨提示

根据我国司法实践，赃物、拾得遗失物、发现埋藏物等都不能适用善意取得制度。另外，受让人无偿取得某项他人财产的，不论其取得财产时是善意还是恶意，都不能适用善意取得制度。

### 自测小题

选择：受让人根据善意取得取得不动产或动产之后，原所有权人可以向谁主张赔偿?①（　）

A. 受让人　　B. 无处分权人

C. 受让人和无处分权人

## 误买了别人走失的狗，失主可以索还吗?

### 案例实录

某天傍晚，葛女士的一只名贵宠物狗走失，后被该小区居民

① 解答：B。

郭先生拾得。郭先生的邻居李女士见到此狗非常可爱，也没问郭先生狗是从哪儿来的，当即决定购买，郭先生便将狗卖给了李女士。一天，李女士牵狗出门遛弯被葛女士看到，葛女士认出了自己的狗，遂要求李女士归还。李女士称此狗是自己花钱购买的，不同意还给葛女士。那么，葛女士是否有权要求李女士归还自己的爱犬呢？

## 律师分析

葛女士可以要求李女士归还爱犬，至于李女士的损失，她可以向郭先生讨还。《民法典》规定，物品遗失，原所有权人有权讨回。如果该物被转让，则原所有权人可以向无处分权人请求赔偿，也可以在规定的时间内向受让人请求返还原物。也就是说，遗失物不适用善意取得制度，但是如果受让人是在拍卖会或者具有经营资格的经营者处购得遗失物，则原所有人主张要回遗失物时，要支付受让人所付的费用。本案中，宠物狗属于葛女士的遗失物，而李女士购买此狗并非在拍卖会或者宠物交易市场等场所，因此李女士应将狗还给葛女士。

## 法条链接

**《中华人民共和国民法典》**

第三百一十二条　所有权人或者其他权利人有权追回遗失物。该遗失物通过转让被他人占有的，权利人有权向无处分权人请求损害赔偿，或者自知道或者应当知道受让人之日起二年内向受让人请求返还原物；但是，受让人通过拍卖或者向具有经营资格的经营者购得该遗失物的，权利人请求返还原物时应当支付受让人所付的费用。权利人向受让人支付所付费用后，有权向无处分权人追偿。

### 温馨提示

遗失物的转让不适用善意取得制度，遗失物的权利人有权依法追回遗失物。遗失物不同于废弃物，遗失物是非故意抛弃而丢失的物品，废弃物是故意抛弃的物品。捡到他人遗失物的人将遗失物转让后，虽然该遗失物的所有权人仍然可以请求受让人把买到的遗失物归还自己，但这一请求的提出有时间限制。即必须在知道或者通过相关情况可以推测出谁是受让人之日起 2 年内，请求受让人把买到的遗失物还给自己，并且某些情况下还要向买受人支付其因购买该遗失物所花的费用。

### 自测小题

选择：谢某饭后散步时拾得一个小包，里面有若干现金和一个翡翠手镯。因为不知道谁是权利人，谢某便将小包交给了警方。关于本案，下列说法正确的是①（　）。

A. 公安部门应该及时发布招领公告

B. 将拾得物品交给警方期间，无论是何种原因导致手镯损坏，谢某都不必承担责任

C. 权利人领取遗失物时需要向公安部门支付因保管该物品支出的必要费用

---

① 解答：A、C。

## 在所有权保留的买卖中，买方收货后不支付余款，卖方该如何维权？

### 案例实录

甲以分期付款的方式向乙公司购买一套潜水设备，价值10万元。双方约定甲首付2万元，其余款项分3次付清，分别为2万元、3万元、3万元，甲付清全款前乙公司保留该设备的所有权。甲收到货后付了首付款和第1期货款，第2期货款迟迟未付。不久后，甲以2万元的价格将该设备卖给职业潜水员丙。那么，在此种情况下乙公司该如何维护自己的权益呢？

### 律师分析

《民法典》第六百三十四条规定："分期付款的买受人未支付到期价款的数额达到全部价款的五分之一，经催告后在合理期限内仍未支付到期价款的，出卖人可以请求买受人支付全部价款或者解除合同。出卖人解除合同的，可以向买受人请求支付该标的物的使用费。"另外，《民法典》第三百一十一条第一款规定："无处分权人将不动产或者动产转让给受让人的，所有权人有权追回；除法律另有规定外，符合下列情形的，受让人取得该不动产或者动产的所有权：（一）受让人受让该不动产或者动产时是善意；（二）以合理的价格转让；（三）转让的不动产或者动产依照法律规定应当登记的已经登记，不需要登记的已经交付给受让人。"本案中，甲、乙约定全部款项付清前乙公司保留设备的所有权，所以甲将该设备卖给丙属于无权处分，乙有权追回；而且因为甲以 2 万元的价格转卖了 10 万元的设备，不属于合理价格转让，丙不符合善意取得的条件，也不构成善意取得，所以乙公司可以请求丙返还原物。另外，因为甲与丙进行潜水器材的买卖，买卖合同属于债权关系，与甲是否拥有标的物的所有权没有关系，买卖合同成立有效，丙返还潜水设备后可以要求甲承担违约责任。

## 法条链接

**《中华人民共和国民法典》**

第三百一十一条　无处分权人将不动产或者动产转让给受让人的，所有权人有权追回；除法律另有规定外，符合下列情形的，受让人取得该不动产或者动产的所有权：

（一）受让人受让该不动产或者动产时是善意；

（二）以合理的价格转让；

（三）转让的不动产或者动产依照法律规定应当登记的已经登记，不需要登记的已经交付给受让人。

受让人依据前款规定取得不动产或者动产的所有权的，原所有权人有权向无处分权人请求损害赔偿。

当事人善意取得其他物权的，参照适用前两款规定。

第六百三十四条　分期付款的买受人未支付到期价款的数额达到全部价款的五分之一，经催告后在合理期限内仍未支付到期价款的，出卖人可以请求买受人支付全部价款或者解除合同。

出卖人解除合同的，可以向买受人请求支付该标的物的使用费。

## 温馨提示

善意取得与可追认的无处分权人处分财产行为不同。善意取得是关于无处分权人处分财产行为的特别规定。善意取得的受让人是善意第三人，善意取得行为自始有效，无需权利人追认。而可追认的无处分权人处分财产行为中的受让人不是善意第三人，因为其知道出让人无处分权仍受让财产，如果权利人追认，双方之间的让与行为自始有效；如果权利人不追认，让与行为自始无效。

### 自测小题

选择：当事人约定同一债务分期履行的，诉讼时效自何时起算？[①]（　）

A. 自最后一期履行期限届满之日起

B. 自债务人明确表示拒绝履行债务之日起

C. 自债务成立之日起

## 收养的猪被人追回，所生的小猪归谁？

### 案例实录

某加工厂为了方便运输，将工厂建在公路边。一日，工作人员发现院里来了一头母猪，便不时给它喂食。过了一段时间，一直没有人来认领，工作人员便将其圈养在空置的仓库里。半年后，母猪生下了10只小猪崽。一个月后，吴某找到该厂，告诉工作人员，母猪是他养殖的，因不小心走失了，自己一直在寻找。现在吴某要求领回母猪和猪崽。加工厂称如果要领回母猪需要支付母

① 解答：A。

猪的饲养费，而且10只小猪是在加工厂生的，理应归加工厂所有，吴某不能领回。那么，加工厂的要求是合法的吗？

## 律师分析

《民法典》第一百二十一条规定，没有法定的或者约定的义务，为避免他人利益受损失进行管理的人，有权要求受益人偿还因此而支付的必要的费用，这就是无因管理。无因管理是指一方没有法定或约定的义务，为避免他人利益受损失而进行管理或服务。无因管理产生的债权债务关系，就是无因管理之债。该加工厂对母猪没有所有权，也没有受到吴某的托付，因此饲养母猪和小猪属于无因管理。在其所有人吴某的要求下，加工厂应当将其返还。母猪所生的小猪属于天然孳息，应归所有权人。因此，吴某可以要求返还母猪和10只小猪，但是他必须支付加工厂饲养母猪和小猪的费用。

## 法条链接

**《中华人民共和国民法典》**

第一百二十一条　没有法定的或者约定的义务，为避免他人利益受损失而进行管理的人，有权请求受益人偿还由此支出的必要费用。

第三百二十一条　天然孳息，由所有权人取得；既有所有权人又有用益物权人的，由用益物权人取得。当事人另有约定的，按照其约定。

法定孳息，当事人有约定的，按照约定取得；没有约定或者约定不明确的，按照交易习惯取得。

### 温馨提示

根据两物间的派生关系，可以把物分为原物和孳息。原物是指产生孳息的物，孳息则是指从一物中产生的收益，二者之间是母子关系。孳息分为天然孳息与法定孳息。天然孳息是指依物的自然属性而产生的收益，如母牛生的牛犊。法定孳息是指依法律关系产生的收益，如把自己的房屋出租而收取租金。

### 自测小题

选择：下雪天，小冯发现如果不及时处理，邻居虎子家的茅草屋将被积雪压倒，里面的牲畜会遇到危险。多次联系虎子失败，小冯便和家人拿着工具去铲雪。期间，耗费工具等材料若干。小冯可以要求虎子支付费用吗?[①]（　）

A. 可以要求虎子支付必要的费用

B. 可以要求虎子支付劳务费

C. 不可以要求虎子支付任何费用

## 拾到遗失物交还失主，可以索取报酬吗？

### 案例实录

小王去外地出差，办完公事后正赶上劳动节假期，小王便利用假期与朋友在市内玩了一天。等晚上回到旅馆时小王发现公文包不见了。包里有现金、各种证件以及公司资料，而且公司资料

① 解答：A。

相当重要，万一丢失，很可能给公司造成重大的经济损失。为了降低损失，小王在当地的交通频道发布了悬赏广告，广告约定悬赏金为5000元。几天后，小王接到电话，对方称自己是出租车司机，捡到了一个公文包。小王高兴地找到出租车司机，对方将公文包交给小王，小王一一核对包内物品后，确认这就是自己遗失的公文包。此时，出租车司机要求小王支付5000元费用，小王认为出租车司机捡到自己的公文包，有义务交还，不同意支付费用。那么，出租车司机能否向小王索取报酬呢？

## 律师分析

本案涉及的是悬赏广告的问题。悬赏广告是以广告的方式声明对完成一定行为的人给予报酬的意思表示。依照《民法典》的规定，悬赏广告的性质可以明确为悬赏广告人向不特定的人发出订约的提议，具有要约效力的法律行为。因此，只要不特定的人完成了悬赏广告指定的行为，就能取得获得悬赏广告酬金的请求权，悬赏广告人就得履行自己的承诺。本案中，小王发布了一个悬赏广告，而出租车司机作为不特定的人完成了悬赏广告上指定的行为，所以，小王应向其支付广告上承诺的5000元。

## 法条链接

**《中华人民共和国民法典》**

第三百一十七条　权利人领取遗失物时，应当向拾得人或者有关部门支付保管遗失物等支出的必要费用。

权利人悬赏寻找遗失物的，领取遗失物时应当按照承诺履行义务。

拾得人侵占遗失物的，无权请求保管遗失物等支出的费用，也无权请求权利人按照承诺履行义务。

第四百九十九条　悬赏人以公开方式声明对完成特定行为的人支付报酬的，完成该行为的人可以请求其支付。

### 温馨提示

《民法典》第四百九十九条规定了悬赏广告的效力，如果权利人在寻找遗失物的过程中发布了悬赏广告，应当主动履行悬赏广告中列明的义务，向遗失物拾得人支付相应的报酬。否则，拾得人有权要求遗失物所有人按照悬赏广告支付报酬。需要注意的是，如果拾得人是负有特定义务的人，如警察等，按照规定是不能取得报酬的，也无权索取报酬。

### 自测小题

选择：遗失物通过拍卖被他人合法占有的，权利人还有权追回吗？[①]（　）

A. 有权，且无需支付受让人所付的费用

B. 无权，但有权向无处分权人请求赔偿

C. 有权，但应当支付受让人所付的费用

## 捡到钱包无人认领可以归自己所有吗？

### 案例实录

一天，马某在下班回家的路上捡到一个钱包，里面有3000元

① 解答：C。

现金，但是没有任何与失主有关的信息。马某在路边苦等了1个多小时，也没有人来认领。于是，马某将钱包交到了附近的一个公安局，公安局随即发布了招领公告。

很快1年过去了，一天马某外出办事，又路过该公安局。马某便进去询问钱包有没有人认领，公安局的人回复说钱包无人认领，钱包和里面的钱都归国家所有了。马某很纳闷儿，为什么钱包会归国家所有呢？如果当初自己不把钱包送到公安局，也没有人认领，那不是应该归自己所有吗？马某的想法有道理吗？

### 律师分析

遗失物不是无主物，它的所有权仍然属于原所有人。因此，拾得遗失物的人不能凭借拾得行为取得该物的所有权，而应该将遗失物还给原所有人。如果遗失物无人认领，根据《民法典》的相关规定，拾得遗失物的人应当将其送交公安等有关部门。公安等有关部门应当及时发布招领公告，并在此期间妥善保管遗失物。在遗失物发布招领公告之日起1年内无人认领的，遗失物归国家所有。所以，马某将钱包交给公安局是正确的，公安局也及时发布了招领公告，1年后该钱包依然无人认领，按照相关规定，该钱包应归国家所有，公安局的处理是符合法律规定的。

### 法条链接

**《中华人民共和国民法典》**

第三百一十四条　拾得遗失物，应当返还权利人。拾得人应当及时通知权利人领取，或者送交公安等有关部门。

第三百一十五条 有关部门收到遗失物，知道权利人的，应当及时通知其领取；不知道的，应当及时发布招领公告。

第三百一十六条 拾得人在遗失物送交有关部门前，有关部门在遗失物被领取前，应当妥善保管遗失物。因故意或者重大过失致使遗失物毁损、灭失的，应当承担民事责任。

第三百一十八条 遗失物自发布招领公告之日起一年内无人认领的，归国家所有。

### 温馨提示

虽然《民法典》第三百一十八条规定："遗失物自发布招领公告之日起一年内无人认领的，归国家所有。"但是，如果该遗失物是与失主的身份或者日常生活密切相关的动产，如身份证、驾驶证、工作证、照片等，并且还存在着，则应当考虑返还，不受时间限制，只是返还时失主应当向保管人支付实际发生的保管费用。

### 自测小题

选择：拒绝退还拾得的遗忘物，涉嫌构成什么犯罪？[①]（ ）

A. 盗窃罪　　B. 侵占罪　　C. 不当得利罪

## 遗失物被损毁，由谁承担责任？

### 案例实录

一天，王某吃完晚饭与朋友一起外出散步，在街心公园的长椅上

① 解答：B。

捡到了一部手机。王某通过手机里的通讯录联系到了失主田某。双方约定第二天下班后在地铁站内交还手机。第二天，王某在去洗手间时，不小心将手机掉到了水池里，导致手机损坏无法使用。后王某向手机失主田某说明情况，田某要求王某赔偿其损失。王某认为，自己不是故意损坏手机的，而且如果自己不主动联系田某，他根本不可能找到手机，自然也就谈不上赔偿的事，田某的要求有些不通情理。那么，田某能否要求王某赔偿自己的手机呢？

## 律师分析

王某需要赔偿田某的损失。按照《民法典》的相关规定，拾得人拾到遗失物的同时就产生了保管遗失物的法律义务，此义务延续到遗失物被送还原所有者或送交有关部门。在此期间，拾得人应尽到注意义务保证遗失物的安全，如因重大过失导致遗失物毁损、灭失的，应负赔偿责任。

## 法条链接

**《中华人民共和国民法典》**

第三百一十六条　拾得人在遗失物送交有关部门前，有关部门在遗失物被领取前，应当妥善保管遗失物。因故意或者重大过失致使遗失物毁损、灭失的，应当承担民事责任。

## 温馨提示

生活中，如果我们拾得了别人的遗失物，一定要及时地归还给失主，或者交给相关部门。如果不能及时归还，一定要保管好，否则就可能要承担因保管不善造成的损失。

### 自测小题

选择：根据现行法的规定，侵害他人财产的，财产损失按照什么方式计算？[①]（　）

A. 受害人主张赔偿时的市场价格或者其他合理方式

B. 购买财产时的市场价格或者其他合理方式

C. 损失发生时的市场价格或者其他合理方式

## 地下挖出来的钱币应归谁？

### 案例实录

一天，村民老王在村里的山坡上放羊。山坡上有一间破草屋，因年久失修只剩下构架，一些在山里干活的人常把这里当作休息的地方。老王像往常一样，把羊赶到山里，然后就在破草屋里休息。快到中午的时候，老王起身准备赶着羊群回家。突然，老王被一块石头绊了一下，便抬腿将石头踢了出去。这一踢让老王发现石头底下有一块白色的东西。老王蹲下来仔细挖，结果挖出很多钱币。很快，村里的人都知道老王挖到了宝贝。随后，县里相关部门找到老王，告诉他这些钱币应归国家所有。老王很纳闷儿，自己挖出来的东西为什么应该归国家所有呢？

### 律师分析

《民法典》第三百一十九条规定：“拾得漂流物、发现埋藏物

① 解答：C。

或者隐藏物的，参照适用拾得遗失物的有关规定。法律另有规定的，依照其规定。”根据《文物保护法》的规定，中华人民共和国境内地下、内水和领海中遗存的一切文物，属于国家所有，任何单位或者个人非经报批都不得私自发掘，非以发掘为目的的基本建设工程或者农业生产活动中，任何单位或者个人发现文物，应立即报告当地文化行政管理部门。老王挖得的钱币属于文物，属于国家所有，应当立即报告当地文化行政管理部门。至于老王挖钱币的花费，可以要求相关部门承担。

## 法条链接

**《中华人民共和国民法典》**

第三百一十五条　有关部门收到遗失物，知道权利人的，应当及时通知其领取；不知道的，应当及时发布招领公告。

第三百一十七条第一款　权利人领取遗失物时，应当向拾得人或者有关部门支付保管遗失物等支出的必要费用。

第三百一十八条　遗失物自发布招领公告之日起一年内无人认领的，归国家所有。

第三百一十九条　拾得漂流物、发现埋藏物或者隐藏物的，参照适用拾得遗失物的有关规定。法律另有规定的，依照其规定。

**《中华人民共和国文物保护法》**

第五条第一款　中华人民共和国境内地下、内水和领海中遗存的一切文物，属于国家所有。

## 温馨提示

发现埋藏物产生的费用，如寻找线索、探测、挖掘埋藏物所支出的费用，是发现埋藏物的前提，是必要支出，所以发现人在将遗失物交还给所有人或者有关部门时，理应获得因此所产生的花费。但是，如果发掘行为本身是违法行为，其产生的费用无论是发掘费还是保管费，都不能要求国家予以偿还。

### 自测小题

选择：某建筑工地施工时发现工地下埋藏有文物，可以自行发掘吗？[①]（　）

A. 可以　　　　B. 不可以

① 解答：B。

# 第三章

# 业主权益

## 签订物业合同后，业主有权要求物业公司按合同办事吗?

### 案例实录

孙先生经某中介公司购买了一套面积为110平方米的住宅单元房。购房后，孙先生便按照惯例与该小区聘用的物业管理公司签订了一份物业服务合同，合同中约定，住宅类物业管理费为1.5元/平方米，业主和实际使用人逾期交纳物业管理费的，需按应交管理费的1‰交纳滞纳金。此外，关于物业管理服务质量方面，除整体约定清洁、卫生、保安等9项管理内容，还专门对保安方面进行详细声明，物业负有提供24小时保安服务的义务，每天巡查不少于12次等。孙先生交纳相关费用后入住，却发现物业巡查仅早晚2次。孙先生觉得物业公司提供的实际服务与合同中约定的服务事项不符。那么，孙先生可以要求物业公司按合同执行每日不少于12次的巡查吗?

### 律师分析

孙先生有权要求物业公司按合同执行每日不少于12次的巡查。孙先生作为业主，根据《物业管理条例》第六条的规定，享有按照物业服务合同的约定，接受物业服务企业提供的服务并监督物业服务企业履行义务情况的权利。此外，物业服务合同是双方当事人互负义务的合同，《民法典》第五百零九条规定，合同当事人应当按照约定全面履行自己的义务。因此，孙先生作为已经履行交纳物业费义务的当事人，有权要求对方当事人即某物业公司按合同中的约定履行每日不少于12次的巡查义务。

## 法条链接

**《物业管理条例》**

第六条　房屋的所有权人为业主。

业主在物业管理活动中，享有下列权利：

（一）按照物业服务合同的约定，接受物业服务企业提供的服务；

……

（七）监督物业服务企业履行物业服务合同；

……

**《中华人民共和国民法典》**

第五百零九条　当事人应当按照约定全面履行自己的义务。

当事人应当遵循诚信原则，根据合同的性质、目的和交易习惯履行通知、协助、保密等义务。

当事人在履行合同过程中，应当避免浪费资源、污染环境和破坏生态。

## 温馨提示

物业服务管理合同作为一种双务合同，当事人一方违约的，守约方可以请求违约方实际履行，条件具备时还可以主张解除合同。

### 自测小题

选择：除当事人的权利义务外，物业服务合同一般还应当包括以下哪些内容？[1]（　）

A. 服务质量、服务费用与期限

B. 物业管理事项、物业管理用房

C. 专项维修资金的管理与使用

D. 违约责任

## 业主有权就物业管理提出意见吗？

### 案例实录

张太太购买位于市中心某小区的一套住宅，双方签订了商品房买卖合同。之后，小区所属的房地产开发公司与某物业管理公司签订了物业服务委托合同，由物业公司负责清洁卫生、水电设施维护、保安等多项服务项目。张太太入住半年后，发现该小区设施设备的管理人员流动现象严重，导致小区的设施设备，尤其是供配电系统的服务不到位，电力故障经常发生。张太太和很多业主都对此表示不满。那么，张太太作为业主，能否就提高供电服务质量问题向物业公司提出意见？

### 律师分析

案例中的张太太可以就供电服务的物业管理问题向物业公司

① 解答：A、B、C、D。

提出意见。该物业公司作为小区的物业服务公司，对小区的公共区域、共用设备设施负有维修、养护和管理的责任。当物业公司的管理工作存在不合理之处时，业主可依据《物业管理条例》第六条第二款的规定，提议召开业主大会，并就物业管理的有关事项提出建议。因此，案例中的张太太可以就提高供电服务质量问题向物业公司提出她的意见。

## 法条链接

**《物业管理条例》**

第六条　房屋的所有权人为业主。

业主在物业管理活动中，享有下列权利：

……

（二）提议召开业主大会会议，并就物业管理的有关事项提出建议；

……

**《中华人民共和国民法典》**

第二百八十五条　物业服务企业或者其他管理人根据业主的委托，依照本法第三编有关物业服务合同的规定管理建筑区划内的建筑物及其附属设施，接受业主的监督，并及时答复业主对物业服务情况提出的询问。

物业服务企业或者其他管理人应当执行政府依法实施的应急处置措施和其他管理措施，积极配合开展相关工作。

## 温馨提示

物业公司与业主之间是经营者与消费者的关系，业主有权就提升物业服务质量等问题提出合理化建议。

### 自测小题

选择：物业公司未采纳业主提出的建议，业主有权以此为由拒绝交纳物业服务费吗？[①]（ ）

A. 有权　　　　B. 无权

## 每一位业主都可以参加业主大会吗？

### 案例实录

江某是某小区的一位业主。江某入住后不久，该小区业主委员会与某物业公司签订物业服务合同，约定本小区的物业服务由该物业公司负责提供，物业服务区域内发生严重影响房屋住用等紧急情况时，物业公司须及时进行维修、改造。上个月，小区多处墙体发生雨后渗水现象，物业公司通过业主大会投票表决，启用住宅专项维修资金。那么，包括江某在内的每一位业主都可以参加此次业主大会吗？

### 律师分析

本案中，包括江某在内的每一位业主都可以参加此次业主大会。所谓业主，是指房屋的所有权人；根据《物业管理条例》第八条的规定可知，物业管理区域内全体业主均为业主大会成员。此外，《物业管理条例》第六条第二款第（四）项也规定，业主

① 解答：B。

有权参加业主大会会议，行使投票权。据此可知，包括江某在内的每一位业主都可以参加此次业主大会，并对启用住宅专项维修资金的事宜进行表决。

## 法条链接

**《物业管理条例》**

第六条　房屋的所有权人为业主。

业主在物业管理活动中，享有下列权利：

……

（四）参加业主大会会议，行使投票权；

……

第八条　物业管理区域内全体业主组成业主大会。

业主大会应当代表和维护物业管理区域内全体业主在物业管理活动中的合法权益。

**《中华人民共和国民法典》**

第二百七十七条　业主可以设立业主大会，选举业主委员会。业主大会、业主委员会成立的具体条件和程序，依照法律、法规的规定。

地方人民政府有关部门、居民委员会应当对设立业主大会和选举业主委员会给予指导和协助。

## 温馨提示

业主是建筑区划内房屋的所有权人。业主大会是业主的自治组织，是基于业主的建筑物区分所有权产生的，由全体业主组成。业主大会作为决议有关整体业主利益事项的自治机构，物业管理区域内的每一位业主均有权参加会议并行使表决权。因此，只要是建筑区划内的业主，就有权参加业主大会，行使共有部分的共有权以及共同管理的权利，以维护建筑区划内全体业主的合法权益。

### 自测小题

判断：租户和业主一样，也可以参加业主大会和选举业主委员会。[①]（ ）

## 房子从未住过还要交纳物业费吗？

### 案例实录

马先生购买了一套面积为113.2平方米的住宅。购房后，马先生与该小区的物业管理公司签订了《物业服务合同》，约定按照本小区的普通标准，住宅物业管理费为每平方米2.3元，逾期交纳物业管理费的，需交纳滞纳金，自逾期之日起每日按应交费的1‰计收。对物业管理服务质量的约定为：物业公司必须做好清洁卫生、保安等多项服务工作。2年后，马先生结束外派上海的工作回到小区，却被物业公司催要物业费，马先生认为，这2年他从未住过这套住宅，没享受过服务，不应该交纳物业费。后物业公司催告限期交纳，否则将提起诉讼。这让马先生犯了难，即使房屋闲置也必须按时交纳物业费，这是业主的义务吗？

---

① 解答：错误。

## 律师分析

案例中，马先生应当交纳物业费，这是业主的义务。马先生与物业公司签订的《物业服务合同》是双方当事人真实意思的表示，依法成立并生效。根据《民法典》第五百零九条第一款的规定，当事人应当按照约定全面履行自己的义务。此外，《民法典》第九百四十四条规定："业主不得以未接受或者无需接受相关物业服务为由拒绝支付物业费。"《物业管理条例》第七条也明确规定，业主在物业管理活动中应履行按时交纳物业服务费用的义务。当然，法律允许当事人做特殊约定，如《物业管理条例》第四十一条规定，业主应当根据物业服务合同的约定交纳物业服务费用。业主与物业使用人约定由物业使用人交纳物业服务费用的，从其约定，业主负连带交纳责任。据此，案例中的马先生并未就闲置房屋的物业服务费交纳做特殊约定，应该按合同标准交纳物业费和滞纳金。

## 法条链接

**《中华人民共和国民法典》**

第五百零九条　当事人应当按照约定全面履行自己的义务。

当事人应当遵循诚信原则，根据合同的性质、目的和交易习惯履行通知、协助、保密等义务。

当事人在履行合同过程中，应当避免浪费资源、污染环境和破坏生态。

第九百四十四条　业主应当按照约定向物业服务人支付物业费。物业服务人已经按照约定和有关规定提供服务的，业主不得以未接受或者无需接受相关物业服务为由拒绝支付物业费。

业主违反约定逾期不支付物业费的，物业服务人可以催告其在合理期限内支付；合理期限届满仍不支付的，物业服务人可以提起诉讼或者申请仲裁。

物业服务人不得采取停止供电、供水、供热、供燃气等方式催交物业费。

**《物业管理条例》**

第七条　业主在物业管理活动中，履行下列义务：

……

（五）按时交纳物业服务费用；

……

第四十一条　业主应当根据物业服务合同的约定交纳物业服务费用。业主与物业使用人约定由物业使用人交纳物业服务费用的，从其约定，业主负连带交纳责任。

已竣工但尚未出售或者尚未交给物业买受人的物业，物业服务费用由建设单位交纳。

## 温馨提示

业主即使未实际居住，也享受着物业公司提供的保洁、保安等服务。在物业服务合同中，业主享受权利就必须履行相应的交费义务。

## 自测小题

选择：冯某将房屋出租给小李，并约定由小李支付物业服务费。小李久拖未交，物业服务公司欲起诉，该案的适格被告为①（　）。

① 解答：C。

A. 仅为冯某　　　　B. 仅为小李

C. 冯某和小李

## 开发商有权自行出售小区的停车位吗?

### 案例实录

李某购买了某高档小区的一套三居室，开发商在销售时向李某承诺，该小区建有地下停车库，该车库专供业主停车，每户一个车位。入住后，李某却发现，只有购买车位才能停车，而且开发商已经以高价将大部分车位卖掉，还有一些车位被小区物业公司租给该小区附近的居民使用。李某认为，地下车库应属业主共有，但开发商和物业公司对此不予理睬。业主李某的说法成立吗?

### 律师分析

业主李某的说法是正确的。《民法典》第二百七十五条、第二百七十六条规定，建筑区划内，规划用于停放汽车的车位、车库，应当首先满足业主的需要。对车位、车库的权利归属，当事人可以通过出售、附赠或者出租等方式进行约定。本案中，开发商与业主在出售房屋时已经约定车库专供业主使用，因此，车库应归全体业主共有。开发商应将地下车库移交给业主大会或业主委员会管理，以实现业主的权益。

### 法条链接

**《中华人民共和国民法典》**

第二百七十五条　建筑区划内，规划用于停放汽车的车位、车库的归属，由当事人通过出售、附赠或者出租等方式约定。

占用业主共有的道路或者其他场地用于停放汽车的车位，属于业主共有。

第二百七十六条　建筑区划内，规划用于停放汽车的车位、车库应当首先满足业主的需要。

### 温馨提示

房屋销售合同约定归业主所有的车位，属于业主所有。占用业主共有的道路或者其他场地用于停放汽车的车位，属于业主共有，应当由全体业主共同管理和使用。

### 自测小题

选择：修某在某小区买了一套商品房，开发商附赠了一个停车位。后来，修某因工作变动不在该小区居住，他可以通过哪些方式处分车位？①（　）

A. 将车位转让给其他业主　　B. 将车位赠送给他人

C. 将车位出租给其他业主

## 拆迁房变商用门市，原房屋所有人可以请求补偿吗？

### 案例实录

胡某所在的小区要进行旧城改造，胡某用拆迁款在郊区买了一套三居室。但胡某买电器路过原住宅时，发现自己的住宅并非

① 解答：A、B、C。

拆迁，而是经过装修“变”成了一家快捷酒店。胡某原来的住宅现在的市场价在100万元以上，而当时给他的拆迁补偿只有30多万元。胡某现在所住的郊区，交通极不方便，生活设施也不健全，而且目前胡某下岗在家，家庭生活非常拮据。请问在这种情况下，胡某应当如何维护自己的权益？

## 律师分析

根据《民法典》第二百四十三条的规定，征收他人的动产与不动产，必须是为了公共利益的需要，并且要依法给予补偿，保障被征收人的合法权益。如果征收个人住宅，还要保障其居住条件。本案中，胡某的住宅被征收的原因是“旧城改造”，这是为了公共利益的需要。但实际上，胡某的房屋被改为商用，并非为了公共利益，而是借公共利益之名牟取经济利益，这种行为侵犯了胡某的权利，属于违法行为。胡某可以要求返还住房，也可以要求按现在的市场价补偿差价。

## 法条链接

**《中华人民共和国民法典》**

第二百四十三条　为了公共利益的需要，依照法律规定的权限和程序可以征收集体所有的土地和组织、个人的房屋以及其他不动产。

征收集体所有的土地，应当依法及时足额支付土地补偿费、安置补助费以及农村村民住宅、其他地上附着物和青苗等的补偿费用，并安排被征地农民的社会保障费用，保障被征地农民的生活，维护被征地农民的合法权益。

征收组织、个人的房屋以及其他不动产，应当依法给予征收补偿，维护被征收人的合法权益；征收个人住宅的，还应当保障被征收人的居住条件。

任何组织或者个人不得贪污、挪用、私分、截留、拖欠征收补偿费等费用。

## 温馨提示

国家基于公共利益的需要可以征收个人的住宅，但应当给予被征收人一定的补偿，并保障被征收人的居住条件。被征收人应当及时关注被征收不动产是否基于公共利益，如果发现实际用途与其声称的不相符，可以通过法律途径维权。

## 自测小题

选择：为了公共利益的需要，征收国有土地上单位、个人的房屋的，应当对被征收人给予公平补偿。下列哪些情形，属于为了“公共利益”的需要？[①]（　）

A. 某地要修建高速公路，需征收周某等几户人家的房屋

B. 某地产公司想建立一个游乐园，需征收周某等几户人家的房屋

C. 某地政府欲新建一所公立医院，需征收周某等几户人家的房屋

① 解答：A、C。

## 业主有权要求更换物业公司吗?

### 案例实录

某小区竣工后，开发商一直找不到合适的物业管理公司，于是该建筑公司的一名副总找来了自己的妻弟，让其再招聘几名员工，临时成立了一家物业公司，对该小区进行物业管理。由于这些人员没有经过正规培训，整体素质也偏低，因此管理非常混乱，小区经常发生入室盗窃的情况。于是，该小区业主召开业主大会，决定辞退这家物业公司。但该物业公司的人员认为，他们是开发商招聘的，只有开发商才可以辞退他们。请问物业公司的说法会得到法律的支持吗?

### 律师分析

物业公司的说法没有法律依据，业主大会可以依法辞退这家物业公司。在物业管理上，《民法典》赋予了业主自行管理与委托物业公司管理的选择权，同时规定，对建设单位聘请的物业公司，业主有权更换。本案中，物业公司不具备相应的资质，无法履行物业管理的职责，业主有权更换，不必经过开发商同意。

### 法条链接

**《中华人民共和国民法典》**

第二百七十八条　下列事项由业主共同决定：

……

（四）选聘和解聘物业服务企业或者其他管理人；

……

第二百八十四条　业主可以自行管理建筑物及其附属设施，也可以委托物业服务企业或者其他管理人管理。

对建设单位聘请的物业服务企业或者其他管理人，业主有权依法更换。

### 温馨提示

物业公司旨在更好地为业主服务，业主对物业公司的服务或其管理人员不满意的，可以依法进行更换，而不必征得开发商的许可。

### 自测小题

选择：根据《民法典》的规定，选聘和解聘物业服务企业需要经过什么表决程序?[①]（　）

A. 专有部分面积占比三分之二以上的业主且人数占比三分之二以上的业主参与表决，并经参与表决专有部分面积四分之三以上的业主且参与表决人数四分之三以上的业主同意

B. 专有部分面积占比三分之二以上的业主且人数占比三分之二以上的业主参与表决，并经参与表决专有部分面积过半数的业主且参与表决人数过半数的业主同意

C. 专有部分面积占比四分之三以上的业主且人数占比四分之三以上的业主参与表决，并经参与表决专有部分面积过半数的业主且参与表决人数过半数的业主同意

---

① 解答：B。

## 房屋出售后，还能无偿使用原小区的免费停车位吗?

### 案例实录

方某最近几年一直在外做生意，积攒了一些钱，准备在本市的高档社区购买商品房，于是把自己原来的房子卖了。老房子卖掉后准备购买新房时，方某才发现该高档社区的停车位已经销售一空。方某一时间没有可以停车的地方，想到原小区可以让业主免费停车，自己现在的房子就在原小区旁边，因此把车开回原小区停放。原小区物业公司知道后要收停车费，但方某认为自己出售的只是房屋的专用部分，其他公用部分根本没有出售，因此自己有权继续使用小区的停车位。方某的说法成立吗?

### 律师分析

方某的说法是没有道理的。《民法典》第二百七十三条第二款规定，业主转让建筑物内的住宅、经营性用房，其对共有部分享有的共有和共同管理的权利一并转让。也就是说，如果将房子卖给他人，那么他将该小区共有部分如楼道、电梯、停车位、地下室等共有权和共同管理权一并转让给了受让人，这一点无需在售房合同中另做约定。本案中，方某把房子卖了，停车位应视为被一起卖了。如果他要在原小区内停车，须交纳停车费。

### 法条链接

**《中华人民共和国民法典》**

第二百七十三条第二款　业主转让建筑物内的住宅、经营性用房，其对共有部分享有的共有和共同管理的权利一并转让。

### 温馨提示

房屋所有权人有权处分自己的房屋。转让、出卖房屋的，其对共有部分享有的共有和共同管理的权利一并转让、出卖，原所有权人不再享有该房屋的相关权利。所以，业主转让其住宅的时候，其享有的对共有部分的共有权和共同管理的权利一并转让。车位作为一种共有权利，也一并转让。

### 自测小题

选择：业主把小楼卖掉后，小楼楼顶的广告展位费用应该归谁所有？① （　）

A. 老业主　　　　B. 新业主

## 把小区的绿地改建为停车位，应该由谁决定？

### 案例实录

最近，郑某居住的小区车辆突然增加了许多，由于是老旧小区，没有地下停车场，所以小区内停车位非常紧张。很多有车的业主希望可以再开发一个停车场，可是小区内除了一块绿地之外，已经没有可以建停车场的位置。那么，小区的业主可以自行决定把绿地改建成停车场吗？

### 律师分析

根据《民法典》第二百七十八条的规定，改变共有部分的用

① 解答：B。

途或者利用共有部分从事经营活动，由业主共同决定。而绿地属于共有部分，改建停车场属于改变用途，因此，小区的业主有权决定把绿地改建为停车场，但要由业主共同决定。具体而言，需要经参与表决专有部分面积四分之三以上的业主且参与表决人数四分之三以上的业主同意。

## 法条链接

**《中华人民共和国民法典》**

第二百七十八条　下列事项由业主共同决定：

（一）制定和修改业主大会议事规则；

（二）制定和修改管理规约；

（三）选举业主委员会或者更换业主委员会成员；

（四）选聘和解聘物业服务企业或者其他管理人；

（五）使用建筑物及其附属设施的维修资金；

（六）筹集建筑物及其附属设施的维修资金；

（七）改建、重建建筑物及其附属设施；

（八）改变共有部分的用途或者利用共有部分从事经营活动；

（九）有关共有和共同管理权利的其他重大事项。

业主共同决定事项，应当由专有部分面积占比三分之二以上的业主且人数占比三分之二以上的业主参与表决。决定前款第六项至第八项规定的事项，应当经参与表决专有部分面积四分之三以上的业主且参与表决人数四分之三以上的业主同意。决定前款其他事项，应当经参与表决专有部分面积过半数的业主且参与表决人数过半数的业主同意。

### 温馨提示

对业主共有的小区内道路、绿地等共有设施进行改建时，应当由业主共同决定，共同行使管理权。

### 自测小题

选择：下列选项中，属于业主共有的是①（　）。

A. 除城镇公共道路以外的建筑区划内的道路

B. 建筑区划内的其他公共场所、公用设施和物业服务用房

C. 除城镇公共绿地或者明示属于个人以外的建筑区划内的绿地

## 业主不服业主大会的决议，可以不予执行吗？

### 案例实录

为完善某小区的物业管理，该小区业主召开了业主大会，并通过了一项决议，即每户每月交纳200元物业管理费。业主冯某因病住院，没有参加业主大会。物业管理人员向冯某收费时，冯某称自己没有参加业主大会，所以业主大会的决议对自己不生效。而另一业主霍某声称自己虽然参加了业主大会，但认为费用过高，明确反对该决议，因此不受该决议约束，也不交纳物业费。冯某与霍某的说法有道理吗？

### 律师分析

冯某与霍某的说法是错误的。《民法典》第二百八十条规定，

---

① 解答：A、B、C。

业主大会或者业主委员会的决议，对业主具有法律约束力。也就是说，无论业主是否参加业主大会，是否同意业主大会的决定，只要该决定经业主大会或者业主委员会通过，就对所有业主发生约束力。如果业主认为该决议侵犯了自己的权利，应在知道或者应当知道业主大会或者业主委员会作出决定之日起 1 年内向人民法院请求撤销该决议，但在法院判决确认该决议无效，对其撤销前，仍需要执行该决议。

## 法条链接

**《中华人民共和国民法典》**

第二百八十条　业主大会或者业主委员会的决定，对业主具有法律约束力。

业主大会或者业主委员会作出的决定侵害业主合法权益的，受侵害的业主可以请求人民法院予以撤销。

**《最高人民法院关于审理建筑物区分所有权纠纷案件适用法律若干问题的解释》**

第十二条　业主以业主大会或者业主委员会作出的决定侵害其合法权益或者违反了法律规定的程序为由，依据民法典第二百八十条第二款的规定请求人民法院撤销该决定的，应当在知道或者应当知道业主大会或者业主委员会作出决定之日起一年内行使。

## 温馨提示

业主大会是全体业主行使自治权的重要机构，一些重大事项都要经过业主大会审议通过。业主大会或者业主委员会代表全体业主对小区公共事务进行管理，其作出的决定对所有业主具有约束力。但是，业主认为决定侵害其合法权益的，可以在法定期限内向人民法院申请撤销。

### 自测小题

选择：田某认为业主委员会的决定侵害了自己的合法权益的，可以[1]（ ）。

A. 与业主委员会协商　　B. 申请人民调解委员会调解

C. 向人民法院起诉

## 对于小区内商业广告的收益，相关业主可以主张权利吗？

### 案例实录

纪小姐在市区购买了一套临街顶楼的房子。不久前，纪小姐发现，自家的楼顶竖起了一幅巨大的广告牌。纪小姐听朋友说，这种情况下如果有广告收益，自己是有权利索要的，于是她找物业公司询问此事。物业公司工作人员回答，广告是物业公司联系的，收益归物业公司所有，与住户无关。物业公司的说法正确吗？

### 律师分析

物业公司的说法是错误的。根据《民法典》第二百七十一条的规定，业主对房屋专有部分享有所有权，对专有部分以外的共有部分享有共有和共同管理的权利。本案中涉及的房顶应属于专有部分以外的共有部分，纪小姐依法对其享有共有权。另外，根据

---

① 解答：A、B、C。

《民法典》第二百七十八条的规定，利用物业共有部分进行经营活动的，应当由业主共同决定。一般而言，经营收益应当主要用于补充专项维修资金，也可以按照业主大会的决定使用。因此，本案中纪小姐可以享受楼顶广告的收益。此外，如果纪小姐所在楼层的墙面、电梯等设备上有商业广告，她也可以对收益主张权利。

## 法条链接

**《中华人民共和国民法典》**

第二百七十一条　业主对建筑物内的住宅、经营性用房等专有部分享有所有权，对专有部分以外的共有部分享有共有和共同管理的权利。

第二百七十八条　下列事项由业主共同决定：

……

（八）改变共有部分的用途或者利用共有部分从事经营活动；

……

业主共同决定事项，应当由专有部分面积占比三分之二以上的业主且人数占比三分之二以上的业主参与表决。决定前款第六项至第八项规定的事项，应当经参与表决专有部分面积四分之三以上的业主且参与表决人数四分之三以上的业主同意。决定前款其他事项，应当经参与表决专有部分面积过半数的业主且参与表决人数过半数的业主同意。

**《物业管理条例》**

第五十四条　利用物业共用部位、共用设施设备进行经营的，应当在征得相关业主、业主大会、物业服务企业的同意后，按照规定办理有关手续。业主所得收益应当主要用于补充专项维修资金，也可以按照业主大会的决定使用。

### 温馨提示

业主购买开发商的房子后，不但享有对专有部分（如套房）的专有权、对小区内共有部分（如电梯、楼顶以及建筑区划内的其他公用设施）的共有权，还享有对共有部分进行管理的权利。小区的楼顶是业主共有的，不是开发商的，所以业主有对这一楼顶进行使用和收益的权利，开发商将楼顶出租的时候应该经参与表决专有部分面积四分之三以上的业主且参与表决人数四分之三以上的业主同意后，按照规定办理有关手续，开发商没有权利擅自做主将楼顶用于广告获取利润。即使开发商经过有关权利人的同意将楼顶用于出租，获得的广告收益也应该归于相关业主。

### 自测小题

判断：高某利用小区里的公用设备开展经营活动，所得的收益均由高某自由处分。[①]（　）

## 业主可以圈占共用区域吗?

### 案例实录

冀某与翟某同住某单元楼的顶层，共用一个楼梯平台。冀某在进行房屋装修时，需要堆放装修材料。为了使用方便，冀某直

① 解答：错误。

接将装修材料全部堆放在楼梯平台，而且，因为担心有人偷盗装修材料，冀某还将楼梯平台圈占了起来。翟某认为冀某的做法给自己的通行造成不便，侵犯了自己的合法权益，要求冀某恢复原状。冀某却认为小区有电梯可供上下，自己圈占楼梯平台并未对翟某构成妨碍，因此拒绝拆除。冀某的行为合法吗？

## 律师分析

冀某私自圈占楼梯的行为是非法的。根据《民法典》的规定，翟某作为业主，享有与其房屋相毗连的楼梯共同部分的共有权。冀某占用楼梯平台的共有部分，将其作为自己的专有部分来使用，明显超出了合理的使用范围，构成了对翟某共有权的侵害。因此，冀某应当停止侵害，恢复原状。

## 法条链接

**《中华人民共和国民法典》**

第二百七十一条　业主对建筑物内的住宅、经营性用房等专有部分享有所有权，对专有部分以外的共有部分享有共有和共同管理的权利。

第二百七十二条　业主对其建筑物专有部分享有占有、使用、收益和处分的权利。业主行使权利不得危及建筑物的安全，不得损害其他业主的合法权益。

## 温馨提示

房屋的专有部分属于某一业主，其可以按照自己的意愿使用和处分。但是，个人不得占用共有部分作为自己的专有部分来使用，更不得因此侵害其他共有权。

### 自测小题

选择：业主转让建筑物内的住宅、经营性用房的，其对共有部分享有的共有和共同管理的权利如何处理?[①]（ ）

A. 一并转让

B. 脱离住宅或经营性用房单独归业主所有

C. 根据当事人的约定确定

## 暖气跑水导致电梯停运，责任由谁承担?

### 案例实录

贺某与居住小区的物业服务公司签订《前期物业服务协议》，并办理了装修手续。上个月，物业公司对贺某家房屋进行装修验收，验收项目中“暖气设备”一栏为空白，后面注明所有拆改部分出现问题造成损失由业主承担。进入供暖季节，小区对供暖设备试水时，贺某发现暖气跑水，便向物业公司报修。工作人员赶到现场，因无法查到漏水部位，维修不及时，导致水漏至电梯，造成两部电梯配件泡损，无法正常运行。事后，物业公司要求贺某承担电梯的维修费用，贺某以物业公司维修不及时造成电梯受损为由拒绝。物业公司应否为此承担责任呢?

### 律师分析

物业公司应当与贺某共同承担责任。根据《住宅室内装饰装修管理办法》第三十三条的规定，因住宅室内装饰装修活动造成

① 解答：A。

相邻住宅的管道堵塞、渗漏水、停水停电、物品毁坏等，装修人应当负责修复和赔偿。另外，根据《民法典》第九百四十二条的规定，对物业服务区域内违反有关治安、环保、消防等法律法规的行为，物业服务人应当及时采取合理措施制止，向有关行政主管部门报告并协助处理。本案中，贺某的拆改行为造成了漏水，其应当为拆改行为所造成的损害后果承担相应的赔偿责任。但贺某在改建暖气时已征得物业公司的同意，其不应承担暖气改建的责任。暖气改建存在危险，物业公司在明知道危险的情况下没有及时制止。而电梯是物业设备管理中重要的一部分，物业服务公司作为服务性经营单位，应对电梯的日常运行、管理、养护及维修承担责任。贺某在通知物业公司房屋漏水后，物业公司应该意识到电梯被淹的可能性，采取紧急措施，如关闭阀门，但物业工作人员却到了无法控制时才关闭暖气总阀，其采取措施不当，理应承担部分责任。

## 法条链接

**《中华人民共和国民法典》**

第九百四十二条　物业服务人应当按照约定和物业的使用性质，妥善维修、养护、清洁、绿化和经营管理物业服务区域内的业主共有部分，维护物业服务区域内的基本秩序，采取合理措施保护业主的人身、财产安全。

对物业服务区域内违反有关治安、环保、消防等法律法规的行为，物业服务人应当及时采取合理措施制止、向有关行政主管部门报告并协助处理。

**《住宅室内装饰装修管理办法》**

第三十三条　因住宅室内装饰装修活动造成相邻住宅的管道堵

塞、渗漏水、停水停电、物品毁坏等，装修人应当负责修复和赔偿；属于装饰装修企业责任的，装修人可以向装饰装修企业追偿。

装修人擅自拆改供暖、燃气管道和设施造成损失的，由装修人负责赔偿。

**《最高人民法院关于审理物业服务纠纷案件适用法律若干问题的解释》**

第四条　因物业的承租人、借用人或者其他物业使用人实施违反物业服务合同，以及法律、法规或者管理规约的行为引起的物业服务纠纷，人民法院可以参照关于业主的规定处理。

### 温馨提示

装修人在对房屋进行改装时应征得物业管理部门的同意，未经同意擅自拆改供暖、燃气管道和设施造成损失的，由装修人负责赔偿。物业服务企业对装修人的行为应当制止而未制止的，应承担连带责任。

### 自测小题

选择：未经批准，装修人从事住宅室内装饰装修活动时不得有以下哪些行为?[①]（　）

A. 搭建建筑物、构筑物

B. 改变住宅外立面，在非承重外墙上开门、窗

C. 拆改供暖管道、燃气管道和设施

① 解答：A、B、C。

## 业主家中被盗，物业公司要承担责任吗？

### 案例实录

家住某小区的郑女士最近很郁闷，因为她的家里进了小偷，不仅丢失了几千元的财物，而且家里的防盗门也被撬坏了。为此，郑女士找到物业公司，要求物业公司赔偿损失，否则就拒交物业费。双方为此闹得不可开交。那么，物业公司对郑女士家中被盗的事应否承担责任呢？

### 律师分析

《民法典》第九百四十二条规定："物业服务人应当按照约定和物业的使用性质，妥善维修、养护、清洁、绿化和经营管理物业服务区域内的业主共有部分，维护物业服务区域内的基本秩序，采取合理措施保护业主的人身、财产安全。对物业服务区域内违反有关治安、环保、消防等法律法规的行为，物业服务人应当及时采取合理措施制止、向有关行政主管部门报告并协助处理。"由此可知，物业公司接受业主的委托，为业主提供管理服务，物业公司究竟提供什么样的服务由业主和物业公司签订的物业服务合同来约定。物业服务企业应该履行物业服务合同，为业主提供符合合同约定的管理服务，否则就要承担违约责任。如果双方在合同中没有约定，物业公司没有负责业主的财产安全防范义务，业主家中被盗，物业公司就不需要承担责任。

### 法条链接

**《中华人民共和国民法典》**

第二百八十七条　业主对建设单位、物业服务企业或者其他管理人以及其他业主侵害自己合法权益的行为，有权请求其承担民事责任。

第九百四十二条　物业服务人应当按照约定和物业的使用性质，妥善维修、养护、清洁、绿化和经营管理物业服务区域内的业主共有部分，维护物业服务区域内的基本秩序，采取合理措施保护业主的人身、财产安全。

对物业服务区域内违反有关治安、环保、消防等法律法规的行为，物业服务人应当及时采取合理措施制止、向有关行政主管部门报告并协助处理。

### 温馨提示

物业公司与业主之间是物业服务合同关系，物业公司的职责是根据物业服务合同，为业主提供物业管理服务。物业管理服务的范围，通常是小区公共领域内的设备、设施的维护，小区内的环境卫生，小区内的安全消防等关系广大业主共同利益的事项。对于小区内的安全，包括业主的人身安全和财产安全，物业公司负安全保障义务，但此保障义务是指合理的保障义务，是有限的，不是无限的。只要物业公司已尽到合理范围内的安全保障义务，并为小区提供了物业服务，且业主也享受到物业公司提供的物业服务所带来的利益，业主就应该履行自己的义务。

### 自测小题

选择：业主为保护自家的财产安全，在自家院子内安装了防盗设施。后该防盗设施被小偷触发，导致小偷受伤。对于小偷所

受伤害，谁应当承担法律责任？[1]（ ）

A. 业主　　B. 物业服务单位　　C. 小偷自己

## 什么是专项维修资金？它的用处是什么？

### 案例实录

邢先生住在顶楼，可能是因为时间久了，楼顶出现了裂缝，房子经常会出现漏水的情况。除了正常下雨会渗水、滴水，安置在楼顶的太阳能也经常会因为损坏或者打水过多造成多余的水流入自家房屋。楼顶上安装的太阳能热水器除了邢先生家的以外，还有楼内其他居民的。邢先生觉得修补房顶不能只自己出钱，于是想申请专项维修基金。那么，什么是专项维修资金？它是做什么用的呢？

### 律师分析

专项维修基金是指住宅物业的业主为了本物业区域内公共部位和共用设施、设备的维修养护事项而交纳一定标准的钱款至专项账户，并授权业主委员会统一管理和使用的基金。根据《民法典》第二百八十一条的规定，建筑物及其附属设施的维修资金属于业主所有，可以用于电梯、屋顶、外墙、无障碍设施等共有部分的维修、更新和改造，不得挪为他用。违反规定的，应当承担相应的责任。本案中，屋顶属于住宅主体承重结构部位，属于物业共用部分，出现质量问题可申请专项维修资金。

---

① 解答：C。

## 法条链接

**《中华人民共和国民法典》**

第二百八十一条　建筑物及其附属设施的维修资金，属于业主共有。经业主共同决定，可以用于电梯、屋顶、外墙、无障碍设施等共有部分的维修、更新和改造。建筑物及其附属设施的维修资金的筹集、使用情况应当定期公布。

紧急情况下需要维修建筑物及其附属设施的，业主大会或者业主委员会可以依法申请使用建筑物及其附属设施的维修资金。

**《物业管理条例》**

第五十三条第二款　专项维修资金属于业主所有，专项用于物业保修期满后物业共用部位、共用设施设备的维修和更新、改造，不得挪作他用。

## 温馨提示

建立专项维修资金制度有利于最大限度地维护广大业主的权益。只有充分保证专项维修基金落实到位，才能保障房屋保修期满后维修、更新、改造工作顺利开展。

## 自测小题

选择：违反法律规定，挪用专项维修资金的，可能面临哪些法律责任?①（　）

A. 警告、没收违法所得　　　　B. 罚款

C. 刑事处罚

① 解答：A、B、C。

## 第四章

# 相邻与共有

### 邻家房檐滴水引起自家房屋损坏怎么办?

#### 案例实录

吴某与刘某是邻居。吴某新盖了一栋竹楼，高出刘某的房屋。每到雨天，吴某家的竹楼就会滴水到刘某家的房屋，天长日久，造成了刘某房屋的损坏。刘某要求吴某采取措施并赔偿损失，吴某拒绝。刘某有权要求吴某赔偿吗?

#### 律师分析

刘某有权要求吴某赔偿。本案涉及不动产相邻关系。《民法典》对相邻关系作出了规定，确定了不动产相邻的权利人处理相邻关系时所应遵循的基本原则，即有利生产、方便生活、团结互助、公平合理。本案中，吴某家房檐滴水造成了刘某家房屋的损坏，按照上述原则，应当由吴某排除妨碍，赔偿损失。

#### 法条链接

**《中华人民共和国民法典》**

第二百八十八条　不动产的相邻权利人应当按照有利生产、方便生活、团结互助、公平合理的原则，正确处理相邻关系。

第二百九十六条　不动产权利人因用水、排水、通行、铺设管线等利用相邻不动产的，应当尽量避免对相邻的不动产权利人造成损害。

### 温馨提示

相邻关系是指两个以上相互毗邻的不动产的所有人或使用人，在行使不动产的所有权或使用权时，因相邻各方应当给予便利和接受限制而发生的权利义务关系。相邻权是一种法定权利，不需要当事人的约定即可行使，其设置的目的是调节相邻的不动产所有权人或使用权人在行使自己权利的过程中所产生的不可避免的利益冲突。需要注意的是，相邻权虽然具有法定性和无偿性，但相邻权人如果在行使相邻权的过程中造成对方损害，相邻权人应当承担赔偿责任。

### 自测小题

选择：赵某要修一个沟渠便于排水，但他发现无论如何设计，沟渠都必须经过林爷爷家。对此，赵某[①]（　）。

A. 应当放弃修沟渠

B. 可以直接修建沟渠，不需要经过林爷爷同意

C. 可以修建沟渠，但应当告知林爷爷，而且修建过程中应当注意施工安全，避免对林爷爷家的财产造成损害

---

① 解答：C。

## 自家屋里的墙可以随便拆吗？

### 案例实录

孙某购买了一套四居室，因感觉客厅不够大，便打算把客厅与一间卧室间的隔墙拆了，把这间卧室并入客厅。正当工人们按照孙某的要求开始施工时，楼上业主及物业公司得知了该情况，急忙前来阻止，称孙某所拆的墙是承重墙，会带来安全隐患，因此不能拆。孙某认为自己是在自家的房子内部搞装修设计，他人无权干涉。孙某的说法有道理吗？

### 律师分析

《民法典》明确规定了相邻不动产权利人之间的权利义务关系。商品房业主虽然是房屋的所有权人，但对房屋的装修不能随心所欲，尤其不能妨碍他人的合法权益或者公共利益。具体实践中，业主私自拆除承重墙、破坏房屋外貌、占用或损坏房屋的共有部分、在房屋的公用区域乱写乱画以及发出超过规定标准的噪声等，都是法律所禁止的。本案中，孙某擅自拆除承重墙，损坏了房屋的承重结构，给房屋带来的安全隐患已经危及相邻方的利益，因此其楼上业主有权要求其恢复原状。

### 法条链接

**《中华人民共和国民法典》**

第二百七十二条　业主对其建筑物专有部分享有占有、使用、收益和处分的权利。业主行使权利不得危及建筑物的安全，不得损害其他业主的合法权益。

第二百九十五条　不动产权利人挖掘土地、建造建筑物、铺设管线以及安装设备等，不得危及相邻不动产的安全。

### 温馨提示

不动产权利人在自己的不动产上作业、施工时，以不威胁相邻的不动产的安全为最低限度。这是因为不动产和每个人的正常生产、生活息息相关，相邻关系的特殊性决定了相邻人之间负有相互容忍对方在合理限度内进行必要活动，给自己带来不便时的不作为义务。但相邻人在行使权利时，总是会给相邻的其他权利人带来不便，因此相邻人权利的行使，必须遵守诚实信用和互利互助原则。

### 自测小题

选择：青青想利用假期装修新房，下列哪些装修行为是违反法律规定的?[①]（　）

A. 自行变动建筑承重结构

B. 将没有防水要求的房间或者阳台改为卫生间、厨房间

C. 扩大承重墙上原有的门窗尺寸

## 因他人装修受到侵害的，利害关系人有权要求停止侵害吗?

### 案例实录

范某购买了一套底层的三居室，可是刚入住不久，范某的妻子就发现卫生间和厨房的水管漏水，卫生间南侧的墙体开裂。范

① 解答：A、B、C。

某通过观察，认为是楼上住户装修造成的。原来楼上的陈某在装修房屋时砸了承重墙，并改变了原来的水管铺设线路。范某又请人检验，证明是陈某的装修行为导致他的房屋出现了问题，并且有进一步扩大危险的可能性。因此，范某要求陈某立即停止此种装修行为。而陈某却认为，房子是自己花钱买的，自己爱怎么装修就怎么装修，别人管不着。请问范某有权要求陈某停止错误的装修行为吗？

## 律师分析

业主购买房屋后就对该房屋享有所有权，可以自由地对该房屋进行占有、使用、收益和处分，而对房屋进行装修就是行使其所有权的一种表现形式。但是，如果此项权利与同一建筑物上的其他房屋有密切关系，存在公共利益，业主在对自己的房屋进行占有、使用、收益和处分的时候就不能侵犯他人的权益或者公共利益，否则就是违法的。本案中，陈某对自己的房屋拥有所有权，可以进行装修，但是陈某在装修的时候，改变房屋的主体结构导致其他业主的房屋陷入危险，这种装修行为已经超出陈某行使权利的界限，是对他人权益的侵犯，因此范某有权要求陈某停止该种装修行为。

## 法条链接

**《中华人民共和国民法典》**

第二百七十二条　业主对其建筑物专有部分享有占有、使用、收益和处分的权利。业主行使权利不得危及建筑物的安全，不得损害其他业主的合法权益。

**《最高人民法院关于审理建筑物区分所有权纠纷案件适用法律若干问题的解释》**

第十五条　业主或者其他行为人违反法律、法规、国家相关强制性标准、管理规约，或者违反业主大会、业主委员会依法作出的决定，实施下列行为的，可以认定为民法典第二百八十六条第二款所称的其他“损害他人合法权益的行为”：

（一）损害房屋承重结构，损害或者违章使用电力、燃气、消防设施，在建筑物内放置危险、放射性物品等危及建筑物安全或者妨碍建筑物正常使用；

……

**《住宅室内装饰装修管理办法》**

第五条　住宅室内装饰装修活动，禁止下列行为：

（一）未经原设计单位或者具有相应资质等级的设计单位提出设计方案，变动建筑主体和承重结构；

……

### 温馨提示

房屋所有者在对房屋进行装修、设计时，一定要选择合理的设计方案，注意保护原有的建筑结构和管线设置，对于必须更改建筑结构和管线设置的，一定要反复论证设计方案的可行性，并委托具有相应资质的装饰装修企业承担。这不仅是对自己负责，也是对相邻房产所有权人负责，否则万一出现问题，影响其他业主，就要承担赔偿损失的责任。

### 自测小题

选择：业主装修住宅时，可以占用公共空间堆放装修材料吗？[①]（　）

A. 可以　　　　　　B. 不可以

## 由于邻居挖地窖导致自家房屋损坏怎么办？

### 案例实录

一天，孟某突然发现自家的墙体出现了裂缝。刚开始孟某以为是自家的房子年久失修导致开裂，准备找人对房屋进行翻修。后来，孟某经过邻居唐某家，发现其正在挖地窖，而且其挖地窖的地方正好与自家出现裂缝的那一面墙离得很近。孟某心里产生了疑惑，会不会是唐某挖地窖导致自家墙体开裂呢？后来，孟某找专业人员进行了勘查，结果真如他所料，墙体开裂是邻居挖地窖导致地基下沉所致。孟某要求邻居唐某赔偿自己的损失，但唐某认为自己在自家屋里挖，没有在孟家房屋范围内施工，因此不予赔偿。孟某能依法得到唐某的赔偿吗？

### 律师分析

如果孟某家房屋损坏确实是唐某家挖地窖所致，那么唐某应该给予孟某赔偿。《民法典》第二百九十五条规定，不动产权利人挖掘土地、建造建筑物、铺设管线以及安装设备等，不得危及

① 解答：B。

相邻不动产的安全。本案中，唐某挖地窖已危及孟某房屋的安全，依法应当消除危险、恢复原状，并赔偿孟某的损失。

## 法条链接

**《中华人民共和国民法典》**

第二百九十五条　不动产权利人挖掘土地、建造建筑物、铺设管线以及安装设备等，不得危及相邻不动产的安全。

第一千一百六十七条　侵权行为危及他人人身、财产安全的，被侵权人有权请求侵权人承担停止侵害、排除妨碍、消除危险等侵权责任。

## 温馨提示

在相邻关系中，并不要求已经造成现实的损害，只要存在发生损害危险的可能性，相邻不动产的权利人就可以主张相邻防险权，请求对方停止侵害、排除妨碍、消除危险。本案中，唐某挖地窖不但导致孟某家房屋损坏，还可能留下安全隐患。业主在行使自己权利的同时，也要考虑他人的利益，否则就要承担相应的法律后果。

## 自测小题

判断：刘某和辛某是邻居，刘某家新建的房屋在辛某家后面，出行必须经过辛某家的土地。刘某和辛某因琐事争吵后，辛某禁止刘某从自家土地通行，导致刘某一家人进出极为不便。辛某的行为正确吗？①

① 解答：错误。

## 为装修而搬运建材，邻居不让通行怎么办？

### 案例实录

杜某、刘某、肖某比邻而居。杜某要装修房屋，向刘某提出在其院内堆放一些建材，刘某不允许。于是杜某找到肖某，请求在肖某院内堆放建材，肖某答应了。但是在施工过程中，从肖家院内往杜家院内运送建材时，必须经过刘某的院子。刘某阻拦杜家通过他家院子搬运建材。这时杜某应该怎么办？

### 律师分析

刘某的做法是没有法律依据的。《民法典》第二百九十二条规定，不动产权利人因建造、修缮建筑物以及铺设电线、电缆、水管、暖气和燃气管线等必须利用相邻土地、建筑物的，该土地、建筑物的权利人应当提供必要的便利。本案中，由于杜某从肖某家搬运建材必须经过刘某家，属于《民法典》中规定的“必须利用相邻土地、建筑物”的情况，因此杜某有权通行，刘某应该提供必要的便利。杜某可与刘某进行协商争取他的同意。如果刘某执意不肯，杜某可以请求村委会、居委会等单位出面协调，也可以通过诉讼途径解决。

### 法条链接

**《中华人民共和国民法典》**

第二百九十一条　不动产权利人对相邻权利人因通行等必须利用其土地的，应当提供必要的便利。

第二百九十二条　不动产权利人因建造、修缮建筑物以及铺设电线、电缆、水管、暖气和燃气管线等必须利用相邻土地、建筑物的，该土地、建筑物的权利人应当提供必要的便利。

### 温馨提示

《民法典》第二百九十一条和第二百九十二条是关于不动产权利人必须利用相邻的土地、建筑物进行修建施工时，相邻土地的所有人或使用人应当提供必要便利的规定。根据规定，利用相邻权利人不动产的范围包括土地和建筑物，就其利用用途可以分为两种：（1）土地或建筑物的所有人或使用人因在自己的不动产的边界或边界旁边建造、修缮建筑物而必须利用相邻的土地或建筑物，如利用邻人的土地堆放建造材料、搭建脚手架、工棚、工作台等；（2）土地或建筑物的所有人或使用人如果不通过他人的土地或建筑物就不能安装铺设电线、电缆、水管、暖气、燃气管线、下水道等，或者虽然能够通过其他方式安装铺设，但是难度较大、费用较多。

### 自测小题

选择：邢某和范某是邻居，范某家铺设水管必须经过邢某家的地。范某多次找邢某交涉均被拒绝。二人因此产生纠纷，从法律上看，该纠纷属于①（　）。

A. 地役权纠纷　　B. 相邻权纠纷

C. 邻里纠纷

① 解答：B。

## 采光权被侵犯该怎么办？

### 案例实录

老马和老胡是前后院的邻居，两家都住平房，老胡住老马正南面。老胡的儿子准备结婚，老胡便打算给儿子加盖一层房子。老胡找到老马商量加盖房屋的事，老马认为如果老胡家的房子盖高了，势必会影响自己家的采光，因此没有同意。后来老胡没有理会老马，开始加盖房子。当老胡加盖完一层时，老马发现自己家几乎见不到阳光了。在与老胡交涉几次无果后，老马将老胡告上法院，要求法院判决老胡停止侵害，恢复自己的采光权。那么，老马的请求能否得到法院的支持？

### 律师分析

法院应该支持老马的请求，判决老胡停止侵害老马的采光权。《民法典》第二百九十三条是关于建筑物相邻关系中，禁止妨碍相邻建筑物的通风、采光和日照的规定。建筑物相邻关系是指相邻建筑物的所有人或使用人之间，以及一栋建筑物内部彼此接触的住宅的所有人或使用人之间，一方为了利用自己的不动产，而要求对方给予一定方便的权利和另一方要受到一定限制的义务。本案中，老马把老胡告到法院时，老胡的房屋处在建设过程中，并未完工，具有拆除的现实可能性，而且不会造成太大的损失。对于住户来说，日照是生活中必不可少的，所以，作为邻居的老胡应该为老马提供照射阳光的便利，不能为所欲为。

### 法条链接

**《中华人民共和国民法典》**

第二百九十三条　建造建筑物，不得违反国家有关工程建设标准，不得妨碍相邻建筑物的通风、采光和日照。

### 温馨提示

相邻采光权是房屋所有人或使用人所享有的获得从室外照射进来阳光的权利。法律之所以规定采光权，是因为享受阳光是每一个建筑物所有人或使用人合法合理的权利。所以，相邻建筑物的所有人或使用人都有权要求相邻人不得设置不当的设施妨碍其采光，也不得侵犯相邻人的采光权。

### 自测小题

选择：对自然流水的利用，应当在不动产的相邻权利人之间合理分配。对自然流水的排放，应当尊重①（　）。

A. 当事人意思自治　　　　B. 法律和行政法规的规定

C. 流水的自然流向

## 小区内搬进加工作坊，居民不堪忍受噪声怎么办?

### 案例实录

某住宅小区1号楼底商搬进一个铝合金加工作坊。自从这个作坊搬来后，切割机、电锯的响声通宵达旦，居民根本无法入睡。

① 解答：C。

业主们不堪其扰，于是一起找到作坊老板，要求作坊搬走。可是作坊老板声称自己有合法的租赁合同，且合同上写明租底商用来开铝合金加工作坊，业主们无权让自己搬迁。业主们应该怎么办呢？

## 律师分析

业主们有权要求作坊采取措施降低影响、赔偿损失。《民法典》明确规定，禁止不动产权利人制造噪声污染，而且民事权利的行使应当遵守法律，尊重社会公德，不得损害公共利益和他人的合法权益。本案中，铝合金作坊制造噪声，严重侵犯了小区居民的休息权，是违法的行为。根据《环境噪声污染防治法》的规定，受到环境噪声污染危害的单位和个人，有权要求加害人排除危害；造成损失的，依法赔偿损失。作坊主虽然有租赁合同，也办理了相关的手续，但不能违法排放工业噪声，业主们可以要求加害人排除危害；造成损失的，依法赔偿损失。

## 法条链接

**《中华人民共和国民法典》**

第一百三十二条　民事主体不得滥用民事权利损害国家利益、社会公共利益或者他人合法权益。

第二百九十四条　不动产权利人不得违反国家规定弃置固体废物，排放大气污染物、水污染物、土壤污染物、噪声、光辐射、电磁辐射等有害物质。

**《中华人民共和国环境噪声污染防治法》**

第二十三条　在城市范围内向周围生活环境排放工业噪声的，

应当符合国家规定的工业企业厂界环境噪声排放标准。

第六十一条　受到环境噪声污染危害的单位和个人，有权要求加害人排除危害；造成损失的，依法赔偿损失。

赔偿责任和赔偿金额的纠纷，可以根据当事人的请求，由生态环境主管部门或者其他环境噪声污染防治工作的监督管理部门、机构调解处理；调解不成的，当事人可以向人民法院起诉。当事人也可以直接向人民法院起诉。

## 温馨提示

《民法典》第二百九十四条对相邻不动产权利人排污的情况作出了明确规定。因此，不动产权利人在排污时要充分考虑相邻不动产权利人的情况，不要对相邻不动产权利人的正常生活环境造成侵害。否则，受污染侵害的相邻一方可以通过行使损害赔偿、妨害排除请求权或者妨害停止请求权来维护自己的权益。来自相邻不动产的干扰是不可避免的，相邻不动产权利人各方之间负有一定的容忍义务，但该容忍义务是有限的，即在国家规定的范围内应当容忍，超过该标准，受害的相邻不动产权利人则不必容忍。

## 自测小题

填空：任何单位和个人都有保护声环境的义务，并有权对造成环境噪声污染的单位和个人进行__________。①

① 解答：检举和控告。

## 共有的物品损坏，维修费应由谁来承担？

### 案例实录

小王、小刘、小李3人大学毕业后共同租住在一间房屋内。3个男生都对洗衣服很头疼，后3人商量，决定每人出资1000元，共同购买一台洗衣机，共同使用。一段时间后，3人对洗衣机带来的便利都很满意。一次，小王在使用洗衣机时，洗衣机发生了故障，无法运转。小王请维修人员上门维修后花费300元。因为已经过了保修期，小王先垫付了这笔费用。后小刘、小李回来，小王要求二人与自己一起承担洗衣机的维修费，小刘、小李表示洗衣机是在小王使用的过程中损坏的，应由小王自己承担该笔维修费。那么，这笔维修费到底该由谁来承担呢？

### 律师分析

《民法典》第三百零二条是关于如何承担共有物的管理费用以及其他负担的规定。共有物的管理费用，是指因为对共有物的保存、改良或者利用而支付的费用。其他负担，是指因为共有物的存在而应该缴纳的税费、保险费，或者是因为共有物导致他人损害所应当支付的损害赔偿金等。本案中，小王、小刘、小李3人共同出资购买了洗衣机，3人对该洗衣机所拥有的份额相等，各占三分之一，即3人对该洗衣机享有的权利和承担的义务是相同的。修理洗衣机所花的费用，属于对共有物的管理费用，如果没有特别约定或约定不明确，应当由3人按其确定的份额承担，即各承担三分之一。

## 法条链接

**《中华人民共和国民法典》**

第三百零二条　共有人对共有物的管理费用以及其他负担，有约定的，按照其约定；没有约定或者约定不明确的，按份共有人按照其份额负担，共同共有人共同负担。

## 温馨提示

对于共有物的管理费用以及其他负担的分担，按照意思自治的原则，首先应当尊重共有人的意志，由他们自行约定。只有在没有约定或者约定不明确时，才按照法律上规定的办法执行。但是，在基于婚姻关系、家庭共同劳动关系等产生共同共有的情况下，某一共有人支付了全部的管理费用以及其他负担，则不能向其他共同共有人要求偿还。

## 自测小题

判断：共有人按照约定管理共有的不动产或者动产；没有约定或者约定不明确的，直接占有共有物的共有人享有管理的权利和义务。[①]（　）

# 一人使用共有物致人伤亡，其他共有人负责赔偿吗？

## 案例实录

陈甲与陈乙共同出资购买一辆卡车跑运输，陈甲负责开车。

① 解答：错误。

在一次长途运输中，陈甲把麻某撞伤，共花去医疗费 2 万余元。麻某找陈甲赔偿，可是陈甲一下子拿不出那么多钱。那么，麻某可以找陈乙要求赔偿吗？

## 律师分析

麻某可以找陈乙要求赔偿。《民法典》规定，因共有的不动产或者动产产生的债权债务，在对外关系上，共有人享有连带债权，承担连带债务。也就是说，共有人要对因共有财产而产生的债务承担连带责任。所谓连带责任，是指根据法律规定或当事人有效约定，两个或两个以上的连带义务人都对不履行义务承担全部责任。具体到本案中，陈甲与陈乙因共有这辆卡车而成为连带责任义务人，陈甲无力履行对外债务的，陈乙有履行的义务。陈乙履行完义务后，可以向陈甲追偿。

## 法条链接

**《中华人民共和国民法典》**

第三百零七条　因共有的不动产或者动产产生的债权债务，在对外关系上，共有人享有连带债权、承担连带债务，但是法律另有规定或者第三人知道共有人不具有连带债权债务关系的除外；在共有人内部关系上，除共有人另有约定外，按份共有人按照份额享有债权、承担债务，共同共有人共同享有债权、承担债务。偿还债务超过自己应当承担份额的按份共有人，有权向其他共有人追偿。

## 温馨提示

《民法典》第三百零七条所规定的“对外关系”，是指因共有的不动产或者动产产生的债权债务，而在共有人与共有人之外的第三人之间形成的关系。“内部关系”是指因共有的不动产或者动产产生的债权债务，而在各个共有人之间形成的关系，这和共有人之外的第三人没有任何关系。内部关系如何处理，首先要看共有人之间有无这方面的约定，如果有，就按照约定来处理。如果没有，就按下面两种情况处理：（1）在按份共有中，各按份共有人按照自己的份额享有债权、承担债务。偿还债务超过自己应当承担份额的按份共有人，有权向其他共有人追偿。（2）在共同共有中，各共同共有人不分份额地共同享有债权、承担债务。

### 自测小题

选择：当事人没有特别约定时，处分共同共有的不动产或者动产以及对共有的不动产或者动产作重大修缮、变更性质或者用途的，应当经谁同意？[①]（ ）

A. 全体共有人　　B. 三分之二以上共有人

C. 二分之一以上共有人

① 解答：A。

# 第五章

# 用益物权

## 耕地、林地、草地的承包期限是多长?

### 案例实录

在城里拼搏多年的邵某告别了城市生活，回到某村承包了一块耕地、一片林地和一片草地，准备搞自然旅游。可是，在签订承包合同时，村里出示的3块土地承包合同年限却不一致。邵某有些疑惑，都是土地承包，为什么期限不一样呢?

### 律师分析

依法实行土地承包经营制度的农村土地，包括农民集体所有和国家所有依法由农民集体使用的耕地、林地、草地以及其他依法用于农业的土地。其中既包括农民集体所有的农业用地，也包括国家所有依法由农民集体使用的农业用地。《民法典》第三百三十一条规定:“土地承包经营权人依法对其承包经营的耕地、林地、草地等享有占有、使用和收益的权利，有权从事种植业、林业、畜牧业等农业生产。”《民法典》第三百三十二条是对各种土地承包年限的规定，即耕地的承包年限为30年，草地为30年至50年，林地为30年至70年，承包期限届满后，权利人可以依规定继续承包。

## 法条链接

**《中华人民共和国民法典》**

第三百三十一条　土地承包经营权人依法对其承包经营的耕地、林地、草地等享有占有、使用和收益的权利，有权从事种植业、林业、畜牧业等农业生产。

第三百三十二条　耕地的承包期为三十年。草地的承包期为三十年至五十年。林地的承包期为三十年至七十年。

前款规定的承包期限届满，由土地承包经营权人依照农村土地承包的法律规定继续承包。

## 温馨提示

民法典明确规定农村土地承包经营权属于用益物权，有利于保护土地承包经营权人的利益。承包期限是指农村土地承包经营权的存续期间，在此期间，承包方享有土地承包经营权，依照法律规定和合同的约定，行使权利，承担义务。民法典规定的承包期是法定期限，不得随意变更。

## 自测小题

选择：土地承包经营权自何时设立?①（　）

A. 自办理土地承包经营权合同登记时

B. 自承包人接收承包地时

C. 自土地承包经营权合同生效时

---

① 解答：C。

## 私下签订的土地承包经营权转让合同有效吗？

### 案例实录

农民老郭最近遇到了烦心事。原来，几年前，老郭承包了30亩耕地，承包期为30年，打算种土豆。刚开始，土豆生意很好，老郭很高兴。可是，过了3年，土豆的销量直线下滑。眼看着种出来的土豆堆在地里，老郭打算转行，去城里找工作。此时，邻居老丁找到老郭，商量转租老郭的土地，打算盖厂房。两人一拍即合，很快就签订了土地承包经营权转让合同。那么，老郭与老丁私下签订的土地承包经营权转让合同是否有效呢？

### 律师分析

《民法典》第三百三十四条明确规定，承包期内，承包人有权将自己的承包地转包给他人。承包人在承包期内将自己的承包地转包是法定的权利。而且，转包给他人只要签订的转包合同生效即可，也不需要向县级以上地方人民政府申请土地承包经营权变更登记。此时，登记虽然不是生效要件，但是对抗要件，即未办理登记的，不得对抗善意第三人。另外，根据《农村土地承包法》第三十四条、第三十五条的规定，承包方将全部或者部分的土地承包经营权转让给本集体经济组织的其他农户的，当事人可以向登记机构申请登记。未经登记，不得对抗善意第三人。所以，老郭可以转让自己承包的土地，但老丁不能擅自用该地建厂房，如果要将承包地用于非农建设，也需要经过批准。

## 法条链接

**《中华人民共和国民法典》**

第三百三十四条　土地承包经营权人依照法律规定，有权将土地承包经营权互换、转让。未经依法批准，不得将承包地用于非农建设。

**《中华人民共和国农村土地承包法》**

第三十四条　经发包方同意，承包方可以将全部或者部分的土地承包经营权转让给本集体经济组织的其他农户，由该农户同发包方确立新的承包关系，原承包方与发包方在该土地上的承包关系即行终止。

第三十五条　土地承包经营权互换、转让的，当事人可以向登记机构申请登记。未经登记，不得对抗善意第三人。

## 温馨提示

承包方依法采取转包、出租、互换或者其他方式流转土地承包经营权，如果土地承包经营权流转合同未经备案，应当认定为有效。因为备案不是土地承包经营权流转合同生效的必要条件，即承包方依法采取转包、出租、互换或者其他方式流转土地承包经营权，发包方仅以该土地承包经营权流转合同未报其备案为由，请求确认合同无效的，法院不会支持。

## 自测小题

选择：关于土地经营权流转应当遵循的原则，下列说法正确的有[①]（ ）。

A. 依法、自愿、有偿，任何组织和个人不得强迫或者阻碍土地经营权流转

B. 不得改变土地所有权的性质和土地的农业用途，不得破坏农业综合生产能力和农业生态环境

C. 当事人可以自由决定流转期限

## 承包期内，发包人可以调整承包地吗？

### 案例实录

今年，某村村委会将集体所有的部分土地进行承包经营，种植果树。老张、老田、老齐共同承包了该土地，承包期为30年。上个月，村委会组织选举，新任村主任上台后，召开群众大会，决定调整部分土地，重新进行规划。随后，村委会重新对老张、老田、老齐的土地进行了划分，也对他们的损失进行了补偿。但是他们不服，认为村委会没有合理的理由就调整已经承包的土地。对此村委会未作出解释。那么，面对村委会调整承包地的行为，承包人该怎么办呢？

### 律师分析

**根据《民法典》的规定，承包期内发包人不得调整承包地，因特殊情形需要调整的，应依照农村土地承包的法律规定办理。**

① 解答：A、B。

本案中，村委会没有正当理由就对已经发包的土地重新调整显然与该法条的规定相悖。另外，根据《农村土地承包法》第二十八条第二款的规定，在承包期内对个别农户之间承包的耕地等需要适当调整的，必须经本集体经济组织成员的村民会议三分之二以上成员或者三分之二以上村民代表的同意，并报乡（镇）人民政府和县级人民政府农业农村、林业和草原等主管部门批准。本案中，村委会对农民承包的土地进行调整，既未说明理由，也未经过集体经济组织成员的村民三分之二以上成员或三分之二以上的村民代表同意，因此，该调整不符合法律规定，其行为侵犯了3名村民的土地承包经营权，该行为无效，村委应返还3名村民被调整的土地。

## 法条链接

**《中华人民共和国民法典》**

第三百三十六条　承包期内发包人不得调整承包地。

因自然灾害严重毁损承包地等特殊情形，需要适当调整承包的耕地和草地的，应当依照农村土地承包的法律规定办理。

**《中华人民共和国农村土地承包法》**

第二十八条　承包期内，发包方不得调整承包地。

承包期内，因自然灾害严重毁损承包地等特殊情形对个别农户之间承包的耕地和草地需要适当调整的，必须经本集体经济组织成员的村民会议三分之二以上成员或者三分之二以上村民代表的同意，并报乡（镇）人民政府和县级人民政府农业农村、林业和草原等主管部门批准。承包合同中约定不得调整的，按照其约定。

### 温馨提示

原则上，在土地承包期内，发包人不得调整承包地。但是，承包期内的情况会不断发生变化，完全不允许调整承包地是不切实际的。对此，《民法典》和《农村土地承包法》对调整承包地的具体情形作出了规定，也作出了限制，即：（1）只有在自然灾害严重毁损承包地等特殊情形下，才能个别调整；（2）应在个别农户之间进行适当的调整，而不应大规模地进行；（3）调整的土地的性质应是承包的耕地和草地；（4）承包期内，需要适当调整的，必须经本集体经济组织成员的村民会议三分之二以上成员或者三分之二以上村民代表同意，并报相关行政主管部门批准；（5）承包合同中约定不得调整的，按照其约定。

### 自测小题

选择：承包期内，承包方自愿交回承包地的，可以获得补偿吗？①（　）

A. 可以　　　　　　　　　　B. 不可以

## 土地承包经营权可以抵押吗？

### 案例实录

某村将200亩荒滩通过公开发布和协商的方式以每年5万元的标准，承包给城里人张某从事养殖业和旅游开发，承包期为30

① 解答：B。

年，双方依法签订了合同，并办理了相关手续。经营了几年后，张某因资金紧张，准备向银行申请贷款，但他并没有可以抵押的物品。后向朋友打听，朋友告诉他，可以用自己的土地承包经营权向银行进行抵押。张某很困惑，土地承包经营权可以抵押吗？

## 律师分析

根据《民法典》的规定，土地承包经营权可以抵押等方式流转，但是以抵押方式流转具有一定的限制。土地承包经营权的抵押是指土地承包经营权人为担保自己或他人的债务履行，以土地承包经营权提供担保，当债务人不按照约定履行债务时，抵押权人有权以土地承包经营权折价、变卖、拍卖的价款优先受偿。同时，《民法典》第三百四十二条规定："通过招标、拍卖、公开协商等方式承包农村土地，经依法登记取得权属证书的，可以依法采取出租、入股、抵押或者其他方式流转土地经营权。"该规定不仅适用于荒地的土地承包经营权，也适用于荒滩、荒沟、荒山的土地承包经营权。因此，张某可以将该荒滩的土地承包经营权进行抵押，该行为是合法有效的。

## 法条链接

**《中华人民共和国民法典》**

第三百四十二条　通过招标、拍卖、公开协商等方式承包农村土地，经依法登记取得权属证书的，可以依法采取出租、入股、抵押或者其他方式流转土地经营权。

## 温馨提示

需要说明的是，通过招标、拍卖、公开协商等方式承包农村土地的，须经过登记，才能依法取得土地承包经营权证等证书，才能流转其土地承包经营权。这不同于家庭承包的土地承包经营权采用互换、转让的流转方式，即没有进行登记的流转合同仍然有效，但是不能对抗善意第三人。

### 自测小题

判断：实现土地经营权抵押权的，相关土地上的地役权也一并转让。[①]（　）

## 承包经营的土地可以互换吗？

### 案例实录

某村村民李甲与同村村民李乙为了使承包地耕作方便，互换了5亩土地，并签订了土地承包经营权互换协议。1年后，李甲认为李乙的土地低洼，容易受涝，于是以没有到县政府登记为由要求解除互换土地合同，李乙不同意解除。承包经营的土地互换合同有效吗？

### 律师分析

二人之间的承包经营土地互换合同是有效的，李甲不能要求解除。《民法典》规定，承包经营的土地可以互换、转让，当事人可以登记，也可以不登记。如果不登记，不能对抗善意第三人。也就是说，承包经营权人互换土地的合同，即使不登记，对当事人也有法律效力。

---

① 解答：正确。

## 法条链接

**《中华人民共和国民法典》**

第三百三十四条　土地承包经营权人依照法律规定，有权将土地承包经营权互换、转让。未经依法批准，不得将承包地用于非农建设。

第三百三十五条　土地承包经营权互换、转让的，当事人可以向登记机构申请登记；未经登记，不得对抗善意第三人。

## 温馨提示

互换是农村集体经济组织内部成员之间为了方便耕种和各种需要，交换各自的土地承包经营权的行为。互换是一种互易合同，互易后，双方均取得对方的土地承包经营权，丧失自己的原土地承包经营权。需要注意的是：（1）土地承包经营权互换只是土地承包经营权人改变，不是原地块承包义务的改变，互换后的土地承包经营权人要履行互换后地块原来负担的义务；（2）互换土地承包经营权，要避免因此打乱不同农民集体的土地权属。所以，承包人不能与其他集体经济组织的农户互换土地承包经营权。

## 自测小题

选择：承包方之间为方便耕种或者各自的需要，可以对属于同一集体经济组织的土地的土地承包经营权进行互换，并向发包方______。①

---

① 解答：备案。

## 土地承包经营权可以继承吗？

### 案例实录

几年前，村民王某与村委会签订了土地承包合同，合同约定王某承包村里的15亩土地，承包期为30年，每年交承包费1200元。后王某因车祸死亡，其妻宋某继续经营这块土地。村委会以王某去世，合同自动终止且宋某并非土地承包人为由，要求收回15亩土地。村委会可以收回这15亩土地吗？

### 律师分析

村委会不能收回这15亩土地，宋某可以继续经营至合同期满。《民法典》规定，发包人在承包期内不得收回承包地，同时，《农村土地承包法》规定，承包人在承包期内死亡的，其继承人可以继续承包。本案中，王某与村委会的土地承包合同是通过公开协商的方式签订的，合法有效，王某虽死亡，但他的妻子宋某作为继承人可以继续承包。

### 法条链接

**《中华人民共和国民法典》**

第三百三十七条　承包期内发包人不得收回承包地。法律另有规定的，依照其规定。

**《中华人民共和国农村土地承包法》**

第五十四条　依照本章规定通过招标、拍卖、公开协商等方式取得土地经营权的，该承包人死亡，其应得的承包收益，依照继承法[1]的规定继承；在承包期内，其继承人可以继续承包。

### 温馨提示

《民法典》第三百三十七条的规定对稳定土地承包关系具有重要意义，体现了用益物权的特征。根据这一规定，除法律对承包地的收回有特别规定外，在承包期内，无论承包人发生了什么变化，只要作为承包人的家庭还存在，发包人就不得收回承包地。但因承包人死亡，承包经营的家庭消亡的，为避免已有承包地的承包人的继承人因继承而获得两份承包地，法律允许发包人收回承包人承包的耕地和草地。

### 自测小题

选择：承包人应得的承包收益可以继承吗？[2]（　）

A. 可以

B. 不可以

## 发包方有权随时收回土地吗？

### 案例实录

某村村民老乔与村委会签订土地承包经营合同，约定由老乔承包村里的50亩土地种植水稻，年承包金为1000元。上周，村里开始了第二轮土地承包，村委会以与老乔签订的承包合同没有

① 现应为《中华人民共和国民法典》继承编。

② 解答：A。

明确的期限为由，要求收回老乔承包的50亩土地。村委会可以收回老乔承包的土地吗？

## 律师分析

村委会不能收回老乔承包的土地。《民法典》明确规定耕地的承包期为30年。这是法定期限，当事人不能以约定的形式排除。而老乔与村委会签订的土地承包经营合同中关于承包期限的约定显然是不明确的，但法律规定是30年，就应当按30年处理。而且根据最高人民法院相关司法解释的规定，如果约定的承包期低于法定时限，承包人可以要求延长至法定承包期。因此，本案中双方的土地承包经营合同应当延长至30年，村委会不得提前收回。

## 法条链接

**《中华人民共和国民法典》**

第三百三十二条　耕地的承包期为三十年。草地的承包期为三十年至五十年。林地的承包期为三十年至七十年。

前款规定的承包期限届满，由土地承包经营权人依照农村土地承包的法律规定继续承包。

**《最高人民法院关于审理涉及农村土地承包纠纷案件适用法律问题的解释》**

第七条　承包合同约定或者土地承包经营权证等证书记载的承包期限短于农村土地承包法规定的期限，承包方请求延长的，应予支持。

### 温馨提示

土地承包期是农村土地承包经营权存续的期间。在此期间，承包人享有土地承包经营权，依照法律的规定和合同的约定，行使权利，承担义务。《民法典》也对承包土地的期限作出了明确的规定，该期限是承包经营权中的一项重要内容，也是法定期限，不得随意变更。

### 自测小题

选择：根据现行法的规定，发包方应承担哪些义务？①（　）

A. 维护承包方的土地承包经营权，不得非法变更、解除承包合同

B. 尊重承包方的生产经营自主权，不得干涉承包方依法进行正常的生产经营活动

C. 依照承包合同约定为承包方提供生产、技术、信息等服务

D. 执行县、乡（镇）土地利用总体规划，组织本集体经济组织内的农业基础设施建设

## 住宅建设用地使用权 70 年到期后，房屋所有人就不再享有所有权了吗？

### 案例实录

小马大学毕业后留在某市工作。前几天，小马购买了一套商品房，不动产权证上标明的产权年限为 70 年。小马心里产生了疑

① 解答：A、B、C、D。

惑，自己对该房屋只拥有70年的权限，70年后这房子就不是自己的了吗？

### 律师分析

小马的担心是不必要的。《民法典》第三百五十九条第一款规定：“住宅建设用地使用权期限届满的，自动续期。续期费用的缴纳或者减免，依照法律、行政法规的规定办理。”也就是说，购房者在70年后仍然拥有自己购买住宅的所有权和住宅建设用地的使用权。

### 法条链接

**《中华人民共和国民法典》**

第三百五十九条第一款　住宅建设用地使用权期限届满的，自动续期。续期费用的缴纳或者减免，依照法律、行政法规的规定办理。

### 温馨提示

公民的住宅用地就算已经使用了70年，还可以继续使用，只要公民不改变自己住宅用地的性质，公民就可以世世代代在这块土地上居住。

### 自测小题

判断：住宅建设用地使用权期限届满后续期的，无论出现何种情况，权利人都不必缴纳任何费用。[1]（　）

① 解答：错误。

## 宅基地使用权可以单独转让吗?

### 案例实录

某村村民张某与同村村民李某签订宅基地使用权转让合同，张某把自己的宅基地以6万元的价格转让给李某。李某把6万元转让款付给张某后开始动工建房。可是村民小组以这份宅基地是分给张某的为由出面阻拦。那么，李某的宅基地使用权受法律保护吗?

### 律师分析

宅基地使用权是农村集体经济组织的成员依法享有的在农民集体所有的土地上建造个人住宅的权利。李某的宅基地使用权不受法律保护，他与张某的宅基地转让协议无效。我国目前的司法实践中，农村宅基地使用权必须与宅基地上的房产一起流转，空白宅基地使用权不得转让、抵押和继承。本案中，张某与李某签订的单独转让宅基地使用权的协议与我国现行法律及政策相抵触，所以应被认定为无效，李某无法依据该协议取得宅基地使用权。

### 法条链接

**《中华人民共和国民法典》**

第三百六十三条　宅基地使用权的取得、行使和转让，适用土地管理的法律和国家有关规定。

**《中华人民共和国土地管理法》**

第六十二条　农村村民一户只能拥有一处宅基地，其宅基地的面积不得超过省、自治区、直辖市规定的标准。

人均土地少、不能保障一户拥有一处宅基地的地区，县级人民政府在充分尊重农村村民意愿的基础上，可以采取措施，按照省、自治区、直辖市规定的标准保障农村村民实现户有所居。

农村村民建住宅，应当符合乡（镇）土地利用总体规划、村庄规划，不得占用永久基本农田，并尽量使用原有的宅基地和村内空闲地。编制乡（镇）土地利用总体规划、村庄规划应当统筹并合理安排宅基地用地，改善农村村民居住环境和条件。

农村村民住宅用地，由乡（镇）人民政府审核批准；其中，涉及占用农用地的，依照本法第四十四条的规定办理审批手续。

农村村民出卖、出租、赠与住宅后，再申请宅基地的，不予批准。

国家允许进城落户的农村村民依法自愿有偿退出宅基地，鼓励农村集体经济组织及其成员盘活利用闲置宅基地和闲置住宅。

国务院农业农村主管部门负责全国农村宅基地改革和管理有关工作。

### 温馨提示

宅基地使用权由作为集体成员的农民无偿取得，无偿使用。宅基地使用权是农民基于集体成员身份而享有的福利保障。因为其保障功能是宅基地使用权制度的首要功能，所以，宅基地使用权的取得、行使和转让必须尊重这一基本原则，以保障农民的权益。

### 自测小题

选择：钱某举家迁入城市之后，就将乡下的住房送给村里的

孤寡老人了。近年来，回乡热潮兴起，钱某想回家重新申请一处宅基地建房，可以吗？[①]（　）

A. 可以　　　　B. 不可以

## 城里人可以在农村取得宅基地使用权吗？

### 案例实录

蒋某是甲市人，后到乙县做生意。因无处居住，蒋某便想在离县城较近的农村购买一块地建造住房。经过一番打听，蒋某与乙县下属某村委会达成了协议，该村把村里的一块空地作为宅基地卖给蒋某，蒋某可以在上面建设住宅并经营生意。蒋某一次性付给该村委会1万元作为宅基地使用费。那么，蒋某能否取得该村的宅基地使用权呢？

### 律师分析

蒋某不能取得该村的宅基地使用权。由于人多地少，我国实行严格的土地管理制度。宅基地是农民的基本生活保障，国务院和自然资源部多次发文严禁城镇居民购买农村宅基地，同时禁止农民的住宅向城市居民出售。关于农村宅基地能否向城市居民转让的问题，在司法实践中也采取禁止转让的做法。如果双方对此存在争议而诉至法院，法院会判决转让协议无效。本案中，蒋某是城镇居民，因此不能在农村取得宅基地。

---

① 解答：B。

## 法条链接

**《中华人民共和国民法典》**

第三百六十三条　宅基地使用权的取得、行使和转让，适用土地管理的法律和国家有关规定。

**《国务院关于深化改革严格土地管理的决定》**

第十条　……加强农村宅基地管理，禁止城镇居民在农村购置宅基地……

## 温馨提示

宅基地使用权具有如下特征：（1）宅基地使用权的主体只能是农村集体经济组织的成员。城镇居民不得购置宅基地，除非其依法将户口迁入该集体经济组织。（2）宅基地使用权的用途仅限于村民建造个人住宅。（3）宅基地使用权实行严格的“一户一宅”制。根据土地管理法的规定，农村村民一户只能拥有一处宅基地。

## 自测小题

判断：承包期内，承包农户进城落户的，必须交回承包地。[①]（　）

# 地役权可以无限制使用吗？

## 案例实录

村民杜某和马某分别承包了村里相邻的两块土地种植水稻，承包期为10年。杜某因为承包的土地离水源很远，便在自家地里

① 解答：错误。

打了一口井来灌溉，而且水源充足。马某承包的土地同样离水源很远，可是他在自家地里无法打出水来。马某便找杜某商量，使用杜某家的水井，用管子将水引到自家田里。作为补偿，马某每年支付杜某500元，直到承包期结束。双方签订了一个书面协议。后来，马某在浇地的过程中来回拖拽管子，导致杜某的水稻损坏严重。杜某找马某交涉，马某认为自己支付了费用，就可以任意使用。那么，杜某该怎么办呢?

## 律师分析

本案涉及的是地役权的使用问题。所谓地役权，是指利用他人土地以便有效使用或经营自己的土地的权利。地役权的发生须有两个不同归属的土地存在，供他人行使地役权的地块称为供役地，而享有地役权的土地称为需役地。根据《民法典》第三百八十四条的规定，两种情况下地役权人有权解除地役权合同，地役权消灭。本案中，马某为了自己方便，任意损害杜某权益的行为严重侵犯了杜某的利益，违反了法律规定或者双方合同的约定。因此，杜某有单方面解除该地役权的权利，并且该权利的行使无需经马某同意，只需通知他即可。

## 法条链接

**《中华人民共和国民法典》**

第三百八十四条　地役权人有下列情形之一的，供役地权利人有权解除地役权合同，地役权消灭：

（一）违反法律规定或者合同约定，滥用地役权；

……

### 温馨提示

在实践中，普通百姓的法律知识不足，在设立地役权时，需役地利用供役地的方式和范围不可能在合同中约定得那么全面，必然会存在一些含糊不清的地方。因此，如果地役权合同约定不明确，或者没有约定，需役地需要遵循对供役地损害最小的原则利用供役地。通俗来说，就是能够达到需要就可以了，需役地人不能够无限制、无节制地利用供役地，增加供役地人的负担，更不能给供役地人造成其他损害。

### 自测小题

选择：土地上已经设立了宅基地使用权，未经权利人同意，还可以设立地役权吗？[①]（　）

A. 可以　　　　　　　　B. 不可以

## 地役权人违约，供役地权利人可以随时解除地役权合同吗？

### 案例实录

董某新买的住宅楼下是一个大型超市。董某刚住进新房，超市经理就找到董某及同一单元的其他住户，提出要在外墙上设立一个广告牌，这样有可能会遮挡住户的部分阳光。作为补偿，超市方愿支付给每户每年1000元，期限为3年。本着相互体谅的原则，董某及其他业主同意了，双方达成协议后进行了登记。可是，

① 解答：B。

超市方在支付了1年的费用后，就以费用过高为由停止了支付。后来，住户们多次催告，超市方均未予理会。那么，在此种情况下，住户是否可以解除地役权合同呢？

## 律师分析

在此种情况下，住户有权解除地役权合同，并且该合同的解除只要通知超市方即可，无需得到其同意。《民法典》第三百八十四条对供役地权利人有权解除地役权合同的情形作出了相关规定，即：地役权人违反法律规定或者合同约定，滥用地役权；有偿利用供役地，约定的付款期间届满后在合理期限内经两次催告未支付费用。本案中，住户们多次催告超市方支付费用，超市方均未予理会，符合《民法典》第三百八十四条第（二）项的规定，因此，住户们可以据此解除地役权合同。需要注意，董某与住户们解除地役权时，应当及时到相关部门办理注销登记。

## 法条链接

**《中华人民共和国民法典》**

第三百八十四条　地役权人有下列情形之一的，供役地权利人有权解除地役权合同，地役权消灭：

……

（二）有偿利用供役地，约定的付款期限届满后在合理期限内经两次催告未支付费用。

第三百八十五条　已经登记的地役权变更、转让或者消灭的，应当及时办理变更登记或者注销登记。

### 温馨提示

地役权的变更、转让或者消灭，并非都要办理登记。如果当事人在设立地役权时没有登记，那么变更、转让或者消灭，就无需作变更登记或者注销登记。

### 自测小题

判断：设立地役权，必须办理地役权设立登记。[①]（　）

## 设立居住权只签订居住权合同就可以吗？

### 案例实录

王某从小生长在农村，大学毕业后为了谋取更好的发展，来到城里生活。王某在城里有一个远房亲戚，是王某的表姑。王某表姑的丈夫去世得早，无儿无女，于是让王某搬到自己家居住。王某在表姑家生活了一段时间后，表姑很喜欢他，并想让王某一直居住下去，就决定和王某签订居住权合同，但没打算去登记。但此时王某产生了疑惑，因为他之前听人说，居住权的设立不仅要签订居住权合同，还要去有关部门进行登记。那么，设立居住权只签订居住权合同就可以吗？

### 律师分析

居住权是为了生活需要，在他人的房屋中生活、居住的权利。《民法典》第三百六十六条规定："居住权人有权按照合同约定，

① 解答：错误。

对他人的住宅享有占有、使用的用益物权，以满足生活居住的需要。”同时，《民法典》第三百六十八条规定：“……设立居住权的，应当向登记机构申请居住权登记。居住权自登记时设立。”也就是说，签订居住权合同后，还要去有关机关进行登记，居住权才能设立。在上述案例中，王某虽然和表姑签订了居住权合同，但如果不去有关机关登记，居住权就无法设立。

## 法条链接

**《中华人民共和国民法典》**

第三百六十六条　居住权人有权按照合同约定，对他人的住宅享有占有、使用的用益物权，以满足生活居住的需要。

第三百六十八条　居住权无偿设立，但是当事人另有约定的除外。设立居住权的，应当向登记机构申请居住权登记。居住权自登记时设立。

## 温馨提示

作为一种新的用益物权，居住权并非只要签订合同就可以设立。想要设立居住权，除了要签订合同外，还要去有关机关办理登记。

## 自测小题

问答：孟大妈与小玲协议：由孟大妈在自己的房子上给小玲设置居住权，小玲每个月给自己500元生活费。请问这样合法吗？[①]

① 解答：合法。原则上，居住权无偿设立，但是当事人另有约定的除外。

# 第六章

# 抵　押

## 有担保的债权可以优先受偿吗?

### 案例实录

张某因生意亏损导致资金链断裂，便分别向刘某、李某、王某借款50万元。刘某担心张某到时无偿还能力，遂要求其提供担保，张某便以自己的一套住房向刘某提供了担保。转眼间，债务清偿期到了，张某无力返还欠款，只能变卖房屋，卖得房款100万元。那么，这100万元应该如何在3个债权人之间分配呢？

### 律师分析

张某应先向刘某清偿50万元，剩余的50万元由李某和王某平分。《民法典》规定，担保物权人可以就债务优先受偿，也就是说，把钱借给他人，如果取得了合法的担保，则在实现债务时担保物权人可以优先于其他债权人。本案中，刘某取得了对张某房屋的担保物权，因此他可以优先于李某、王某受偿。

### 法条链接

**《中华人民共和国民法典》**

第三百八十六条　担保物权人在债务人不履行到期债务或者

发生当事人约定的实现担保物权的情形，依法享有就担保财产优先受偿的权利，但是法律另有规定的除外。

### 温馨提示

优先受偿性是担保物权的主要效力。担保物权的优先受偿性主要体现在两方面：（1）优先于其他不享有担保物权的普通债权；（2）有可能优先于其他物权，如后顺位的担保物权。担保物权的优先受偿性也不绝对，如《企业破产法》规定，一定比例的职工工资优先于担保物权受偿。

### 自测小题

选择：甲公司向车某借款500万元，并以公司的厂房作抵押担保。出现下列哪些情形，车某可以就担保财产优先受偿?[①]（　）

A. 甲公司经营不善，出现许多负面新闻

B. 甲公司未清偿到期债务

C. 甲公司将厂房抵押给第三人

## 担保人能否作反担保?

### 案例实录

小海和小涛是两兄弟。哥哥小海是一家地产公司的董事长，弟弟小涛经营一家科技开发公司。弟弟小涛经营的公司急需30万元进口设备，便去银行贷款。银行要求小涛提供担保，但哥哥小

① 解答：B。

海去了外地，弟弟小涛便找到哥哥的朋友林某，请他作担保人。林某愿意作小涛的担保人，但是担心小涛还不上钱自己要承担责任，便要求小涛提供担保。小涛又以自己的哥哥作为担保人。那么，这种情况符合法律规定吗？

## 律师分析

《民法典》第三百八十七条的规定是关于担保与反担保的。本案中，担保是林某为小涛向银行提供的，反担保是小海为小涛向林某提供的。反担保是债务人或债务人以外的人向担保人提供的担保。所以，本案中的情况符合法律规定。

## 法条链接

**《中华人民共和国民法典》**

第三百八十七条　债权人在借贷、买卖等民事活动中，为保障实现其债权，需要担保的，可以依照本法和其他法律的规定设立担保物权。

第三人为债务人向债权人提供担保的，可以要求债务人提供反担保。反担保适用本法和其他法律的规定。

## 温馨提示

所谓反担保，是指为保障债务人之外的担保人将来承担担保责任后对债务人的追偿权的实现而设定的担保。反担保是相对于本担保而言并在本担保关系的基础上设立的。本担保必须由债务人之外的第三人提供，才会产生反担保的问题，债务人自己向债权人提供担保的情况则不在此列。

### 自测小题

选择：保证人可以要求债务人提供反担保吗？[1]（ ）

A. 不可以　　B. 可以

## 主合同无效，担保合同是否有效？

### 案例实录

秦某所在的公司因盲目扩张，造成资金链断裂，于是向其关联企业某公司借一笔流动资金，并以该公司所拥有的3辆轿车作为抵押，双方签订了抵押合同。在当年年底的税务清查中，两家公司的企业间拆借行为被税务机关查处，借款合同由于违反法律规定而被宣告无效。那么，双方之间的借款合同无效，其抵押还有效吗？

### 律师分析

抵押合同作为主债权债务合同的从属合同，在成立、生效、变更、消灭上都依附于主债权债务合同。没有主债权债务关系的存在，担保关系也就没有存在及实现的可能和价值。《民法典》第三百八十八条规定："设立担保物权，应当依照本法和其他法律的规定订立担保合同。担保合同包括抵押合同、质押合同和其他具有担保功能的合同。担保合同是主债权债务合同的从合同。主债权债务合同无效的，担保合同无效，但是法律另有规定的

① 解答：B。

除外。担保合同被确认无效后，债务人、担保人、债权人有过错的，应当根据其过错各自承担相应的民事责任。”本案中，两家公司之间的借款合同因违反法律规定而无效，它们之间的担保合同也无效。

### 法条链接

**《中华人民共和国民法典》**

第三百八十八条　设立担保物权，应当依照本法和其他法律的规定订立担保合同。担保合同包括抵押合同、质押合同和其他具有担保功能的合同。担保合同是主债权债务合同的从合同。主债权债务合同无效的，担保合同无效，但是法律另有规定的除外。

担保合同被确认无效后，债务人、担保人、债权人有过错的，应当根据其过错各自承担相应的民事责任。

### 温馨提示

担保合同随主债权债务合同无效而无效只是一般规则，不是绝对的，在法律另有规定的情况下，担保合同可以作为独立合同存在，不受主债权债务合同效力的影响。比如，在《民法典》规定的最高额抵押权中，最高额抵押合同就具有相对的独立性。法律这样规定是为了适应现实的需要，为以后担保物权制度的发展留下了一定的空间。

### 自测小题

选择：债权人和债务人未经保证人书面同意，协商变更主债

权债务合同内容的，保证人还需要承担保证责任吗？[①]（　）

A. 不需要

B. 若变更导致债务减轻，保证人仍对变更后的债务承担保证责任

C. 若变更导致债务增加，保证人对加重的部分不承担保证责任

## 在不知情的情况下为赌债所做的担保有效吗？

### 案例实录

马某欠赵某30万元赌债，请求好友穆某为自己的债务向赵某提供担保。穆某不知这是赌债，于是以自己的房屋设立抵押担保，并办理了抵押登记。那么，如果马某还不上赵某的钱，赵某是否有权对穆某的房屋行使抵押权？

### 律师分析

穆某不必承担担保责任。《民法典》规定，主合同无效，担保合同无效。本案中，马某与赵某之间的债务可以视为“主合同”，而穆某与赵某的担保合同为“从合同”。由于赌债不受法律保护，主合同无效，所以作为担保合同的从合同也无效。穆某在此事中没有过错，所以不需要承担任何担保责任。

### 法条链接

**《中华人民共和国民法典》**

第三百八十八条　设立担保物权，应当依照本法和其他法律

① 解答：B、C。

的规定订立担保合同。担保合同包括抵押合同、质押合同和其他具有担保功能的合同。担保合同是主债权债务合同的从合同。主债权债务合同无效的，担保合同无效，但是法律另有规定的除外。

担保合同被确认无效后，债务人、担保人、债权人有过错的，应当根据其过错各自承担相应的民事责任。

**《最高人民法院关于适用〈中华人民共和国民法典〉有关担保制度的解释》**

第十七条 主合同有效而第三人提供的担保合同无效，人民法院应当区分不同情形确定担保人的赔偿责任：

（一）债权人与担保人均有过错的，担保人承担的赔偿责任不应超过债务人不能清偿部分的二分之一；

（二）担保人有过错而债权人无过错的，担保人对债务人不能清偿的部分承担赔偿责任；

（三）债权人有过错而担保人无过错的，担保人不承担赔偿责任。

主合同无效导致第三人提供的担保合同无效，担保人无过错的，不承担赔偿责任；担保人有过错的，其承担的赔偿责任不应超过债务人不能清偿部分的三分之一。

### 温馨提示

导致担保合同无效的原因很多，主债权债务合同无效只是其中之一。主债权债务合同有效，也可能导致担保合同无效。

### 自测小题

选择：下列债务中，合法有效的是[①]（　）。

A. 林某在地下赌场因赌博所负债务

B. 尚某以制毒贩毒为由向秦某借款所负债务

C. 修某在父亲生病时向邻居借款所负债务

## 担保物被火烧毁，担保权人可以就保险金优先受偿吗?

### 案例实录

张某向陆某借款80万元，约定1年后偿还，同时张某以价值100万元的房屋作为担保。3个月前，该房屋因失火被烧毁，张某获得保险金100万元。借款期限届满后，张某没有偿还陆某欠款。此时陆某才知道原来作为担保的房子已经被烧毁。陆某可以要求就这100万元保险金优先受偿吗？

### 律师分析

陆某可以要求就保险金优先受偿。本案涉及担保物权的物上代位性相关法律知识。所谓担保物权的物上代位性，是指当担保物毁损、灭失或被依法被征收时，担保权人可以就该保险金、赔偿金或补偿金行使优先受偿权。对于这一点，《民法典》有明确的规定。本案中，作为抵押物的房屋被烧毁，抵押权人陆某可以就保险金优先受偿。

---

① 解答：C。

### 法条链接

**《中华人民共和国民法典》**

第三百九十条　担保期间，担保财产毁损、灭失或者被征收等，担保物权人可以就获得的保险金、赔偿金或者补偿金等优先受偿。被担保债权的履行期限未届满的，也可以提存该保险金、赔偿金或者补偿金等。

### 温馨提示

在适用《民法典》第三百九十条的规定时应注意，抵押权的代位行使仅以直接产生于原抵押物的财产为限，如果抵押物永久灭失且没有替代物，该抵押权消灭，债权人只能要求债务人另行提供担保。物上代位性是担保物权的一般特征，除抵押权外，质权和留置权也是如此。

### 自测小题

选择：为担保债务实现，刘某将自家房屋抵押给债权人孟某。不久前，该房屋坍塌，刘某获得一笔保险金，但远不足以清偿其对孟某的债务。关于本案，下列说法正确的是[①]（　）。

A. 如果债务未到期，刘某可以与孟某协商，先清偿部分债务，孟某也可以要求刘某提存该部分保险金

B. 如果债务已到期，刘某用保险金清偿债务后，仍然要对未能清偿的部分承担责任

C. 无论债务是否到期，孟某都可以要求刘某另行提供担保

① 解答：A、B、C。

## 未经担保人同意债务被转让，担保人还要负担保责任吗？

### 案例实录

张某向孙某借款3万元，陈某以他的一处房产为张某的借款提供抵押担保。后来张某与孙某协商，周某欠张某3万元钱，到时候张某欠孙某的3万元钱直接由周某来偿还，周某也表示愿意。陈某对此并不知情。陈某还要对这份债务承担担保责任吗？

### 律师分析

第三人提供担保一般是基于其与债务人之间的特殊信任关系，或者对债务人的资产、信誉有所了解。所以，在担保关系中，如果未经担保人同意，债务人擅自转移债务，可能给担保人带来较大风险，因为提供担保的第三人对新的债务人可能一无所知。因此，《民法典》规定，债权人同意债务人转让债务，如果没有经过担保人书面同意，担保人不再承担相应的担保责任。本案中，孙某同意张某把债务转让给周某，但没有经过担保人陈某的书面同意，所以陈某不再承担相应的担保责任。

### 法条链接

**《中华人民共和国民法典》**

第三百九十一条　第三人提供担保，未经其书面同意，债权人允许债务人转移全部或者部分债务的，担保人不再承担相应的担保责任。

### 温馨提示

《民法典》第三百九十一条的规定，不但是对担保人利益的保护，也是对债权人利益的保护。需要注意的是，债权人允许债务人转移债务的，必须经提供担保财产的第三人书面同意。如果不是书面形式，视为不存在担保人的同意。书面形式指合同书、信件和数据电文（包括电传、电报、传真、电子数据交换和电子邮件）等可以有形地表现所载内容的形式。

### 自测小题

选择：一般而言，债权人可以将债权的全部或者部分转让给第三人，但是以下哪些情形除外?①（　）

A. 依照法律规定不得转让

B. 按照当事人约定不得转让

C. 根据债权性质不得转让

## 土地使用权被抵押，该土地上建的房屋怎么办?

### 案例实录

小张在一次房展会上看中了一套两居室，对房屋的价格、位置都很满意，便交了定金。在签订房屋正式买卖合同时，开发商只给小张看了房产五证的复印件，而没有提供土地使用证。开发商的解释是土地使用证拿去申办其他手续了，小张也没强求就签

---

① 解答：A、B、C。

了合同。后来，到了交房的日期，开发商却迟迟交不了房。经多方打听，小张才了解到该小区的土地使用证原件在3年前被抵押给了银行，用于贷款建设二期工程。小张有些慌，想知道自己的房屋所有权到底归谁？

## 律师分析

在房地产抵押中，对于房产和地产的关系，我国采取“房地一体”原则，即房屋的所有权和该房屋占用范围内的土地使用权同时抵押，这是由于房屋和土地存在紧密的依附关系，不可能有离开土地的“空中楼阁”，如果分开处置，就会极大地损害房屋和土地的经济价值和利用价值。对此，《民法典》第三百九十七条明确规定：“以建筑物抵押的，该建筑物占用范围内的建设用地使用权一并抵押。以建设用地使用权抵押的，该土地上的建筑物一并抵押。抵押人未依据前款规定一并抵押的，未抵押的财产视为一并抵押。”也就是说，即使抵押人只办理了房屋所有权抵押登记，没有办理建设用地使用权抵押登记，实现房屋抵押权时，建设用地使用权也一并作为抵押财产。同样，只办理了建设用地使用权抵押登记，没有办理房屋所有权抵押登记，实现建设用地使用权的抵押时，房屋所有权也一并作为抵押财产。本案中，由于开发商的一期房屋在办理土地使用权抵押时已经建成，所以属于担保财产，而第二期房屋是抵押权设立之后新建的，银行对其不享有担保利益。所以，一旦贷款期限届满，开发商无法还款，银行可以对该土地上的所有一期、二期房屋进行拍卖，而买房人有可能失去房屋。

## 法条链接

**《中华人民共和国民法典》**

第三百九十七条 以建筑物抵押的，该建筑物占用范围内的建设用地使用权一并抵押。以建设用地使用权抵押的，该土地上的建筑物一并抵押。

抵押人未依据前款规定一并抵押的，未抵押的财产视为一并抵押。

## 温馨提示

由于房屋和土地的不可分性，我国在处理房地产关系时的一个重要原则就是“地随房走”或者“房随地走”。所谓“地随房走”，就是转让房屋的所有权或者使用权时，建设用地使用权同时转让。所谓“房随地走”，就是转让建设用地使用权时，该土地上的房屋的所有权或者使用权也应一并转让。这一原则同样适用于抵押，在设定抵押权时，房屋的所有权和建设用地使用权应当一并抵押，只有这样才能保证实现抵押权时，房屋和建设用地使用权同时转让。

## 自测小题

选择：某乡镇企业想抵押厂房，该厂房占用范围内的建设用地使用权是否需要一并抵押？① （ ）

A. 需要　　　　　　B. 不需要

① 解答：A。

## 没登记的抵押合同就不产生效力吗?

### 案例实录

丁某是一名刚毕业的大学生，离开学校前，室友朱某向其借钱，准备自己创业。丁某犹豫再三，还是碍于情面，将大学期间辛苦攒下来的1万元借给了朱某。朱某则用其价值1万余元的笔记本电脑做抵押。双方签订了抵押合同，但没有进行登记。1年后，丁某找到朱某，发现其创业计划根本没有实施，而自己借给朱某的1万元已被其花光。丁某要朱某按合同履约，朱某却称双方之间的抵押合同没有登记，根本没有法律效力。那么，丁某的抵押权还能行使吗?

### 律师分析

朱某混淆了动产抵押权和不动产抵押权生效的条件。根据《民法典》的规定，动产抵押合同无需登记就可生效，该合同经当事人双方合意，以书面形式签订，是合法有效的。因此，在朱某拒不还钱的情况下，丁某可以行使对该笔记本电脑的抵押权。

### 法条链接

**《中华人民共和国民法典》**

第四百零三条　以动产抵押的，抵押权自抵押合同生效时设立；未经登记，不得对抗善意第三人。

### 温馨提示

《民法典》对抵押权生效制度作了明确规定：（1）无论是不

动产还是动产抵押合同，除法律另有规定或者合同另有约定外，只要成立即生效；（2）对于不动产抵押权，采取“登记生效主义”，必须办理抵押登记，这是抵押权的生效条件，抵押权自登记之日起成立；（3）对于动产，包括在建的船舶、航空器，则采取“登记对抗主义”，当事人可以自愿选择是否办理登记。登记是抵押权的对抗要件，未经登记不得对抗善意第三人，抵押权自抵押合同生效时成立。

### 自测小题

选择：下列哪些合同需要办理登记才能发生物权效力?[①]（ ）

A. 不动产抵押合同　　B. 所有权买卖合同

C. 房屋租赁合同

## 出租后的房屋抵押，抵押权人能要求承租者搬迁吗?

### 案例实录

钱某有一处楼房价值50万元，租给了纪某居住，租期为1年。房屋出租期间，钱某向徐某借款40万元，以出租的楼房作为抵押，并办理了抵押登记手续。因钱某欠徐某的债务到期无法清偿，便与徐某商议将该楼折价抵偿债务。徐某取得房屋后，要求承租人纪某搬走。纪某以租赁合同未到期为由不肯搬迁，双方遂发生纠纷。

---

① 解答：A。

## 律师分析

根据《民法典》的规定，订立抵押合同前抵押财产已经出租的，原租赁关系不受抵押权的影响。本案中，租赁合同订立在抵押合同之前，因此纪某有权在该房内居住至租赁合同期满，徐某不得要求其搬走。

## 法条链接

**《中华人民共和国民法典》**

第四百零五条　抵押权设立前，抵押财产已经出租并转移占有的，原租赁关系不受该抵押权的影响。

## 温馨提示

《民法典》之所以删除"抵押权设立后抵押财产出租的，该租赁关系不得对抗已登记的抵押权"的规定，是因为可以通过《民法典》的相关规定加以解决，无需特别规定。因为，以登记为生效要件的不动产抵押权，抵押权设立在先，租赁权设立在后的，依据设立时间先后顺序判断权利先后，在后的租赁权是不能与在先的抵押权相对抗的。

## 自测小题

选择：何某做生意亏本，将自己名下的一辆汽车抵押给谢某贷款。后谢某偶然得知该车在抵押给其之前就被出租给了小郭。关于本案，下列说法正确的是[1]（　）。

---

[1] 解答：B。

A. 小郭对汽车的承租权自抵押合同成立时消灭

B. 小郭仍然享有汽车的承租权，出租人是何某

C. 小郭仍然享有汽车的承租权，出租人是谢某

## 抵押期间，抵押人可以转让抵押财产吗？

### 案例实录

甲是一名私营企业主，因业务亏损欠乙 20 万元。因无力偿还债务，甲与乙商量，甲以 1 辆汽车作为抵押，期限为 1 年，如果到期甲无力还钱，汽车由乙处理。双方签订了抵押合同。后来，甲将车卖给丙，并已经交付，乙对此并不知情。1 年后，甲无力偿还债务，乙要求甲将汽车转给自己，甲提出该车已经卖给丙。乙遂向法院起诉，要求法院判决丙将汽车归还自己以偿还甲的借款。乙的诉求能否得到法院支持？

### 律师分析

抵押物的转让是指抵押人将抵押物的所有权通过买卖、互易、赠与、清偿、出资等方式让与第三人的行为。根据《民法典》第四百零六条的规定，抵押期间，抵押人可以转让抵押物，但应当及时通知抵押权人。如果抵押权人能够证明抵押财产转让可能损害抵押权，可以请求抵押人将转让所得的价款向抵押权人提前清偿债务或者提存。转让的价款超过债权数额的部分归抵押人所有，不足部分由债务人清偿。本案中，甲与丙之间的汽车转让行为已经生效，汽车已归丙所有。基于此，乙不能要求判决

丙归还汽车，但是由于甲并未清偿乙的债权，故甲仍需承担清偿债务的责任。

## 法条链接

**《中华人民共和国民法典》**

第四百零六条　抵押期间，抵押人可以转让抵押财产。当事人另有约定的，按照其约定。抵押财产转让的，抵押权不受影响。

抵押人转让抵押财产的，应当及时通知抵押权人。抵押权人能够证明抵押财产转让可能损害抵押权的，可以请求抵押人将转让所得的价款向抵押权人提前清偿债务或者提存。转让的价款超过债权数额的部分归抵押人所有，不足部分由债务人清偿。

## 温馨提示

根据以上条款可知，转让抵押财产，必须消除该财产上的债权。既然买受人取得的是没有物上负担的财产，也就不存在物上追及的问题。《民法典》这样规定是为了减少抵押物流转过程中的风险，避免抵押人利用制度设计的漏洞取得不当利益，从而更好地保护抵押权人和买受人的合法权益。

## 自测小题

判断：侯某将自有房屋抵押给韩某，后又将房屋转让给了邱某。自房屋转让合同生效时，房屋的抵押权消灭，韩某有权要求侯某承担赔偿责任。[1]（　）

---

① 解答：错误。

## 到期未还清债务，银行可以强行取走抵押物进行处理吗？

### 案例实录

曹某从事汽车维修行业，为了购买设备向某银行贷款20万元，并以1辆全新的轿车作为抵押，双方签订了合同并办理了相应的抵押权登记。后来，曹某因经营决策失误，生意惨淡。与银行约定的还款期到了，曹某无力偿还贷款，经银行多次催促，依然未能凑齐款项。于是，银行派人强行开走了轿车，并作价25万元卖给了他人。银行的做法合法吗？

### 律师分析

抵押权人实现抵押权有三种方式：一是协议以抵押物折价，二是协议拍卖，三是协议变卖抵押物。如果无法达成协议，可以请求人民法院主持对抵押物进行拍卖或者变卖，以所得价款清偿债权。本案中，在曹某无力偿还银行债务时，银行应与曹某协商，如果协商不成，可以请求人民法院主持对轿车进行拍卖，以所得价款来清偿曹某的欠款。但是，银行未与曹某协商就强行开走轿车，并自行处置卖给他人，该行为违反了法律规定，该变卖行为无效。

### 法条链接

**《中华人民共和国民法典》**

第四百一十条 债务人不履行到期债务或者发生当事人约定的实现抵押权的情形，抵押权人可以与抵押人协议以抵押财产折价或者以拍卖、变卖该抵押财产所得的价款优先受偿。协议损害其他债权人利益的，其他债权人可以请求人民法院撤销该协议。

抵押权人与抵押人未就抵押权实现方式达成协议的，抵押权人可以请求人民法院拍卖、变卖抵押财产。

抵押财产折价或者变卖的，应当参照市场价格。

### 温馨提示

在实现抵押权时，应以当时当地同类商品的市场价格为标准，如果抵押合同双方主体通谋以不合理价格处置抵押物，致使其他债权人利益受损，则其他债权人可以行使撤销权。

### 自测小题

选择：抵押财产折价或者拍卖、变卖后，其价款不足以清偿债务的，应该怎么办？[①]（　）

A. 不足部分，由债务人清偿

B. 不足部分，视为已经清偿

C. 不足部分，由债务人与债权人分摊

## 同一财产被多次抵押怎么办？

### 案例实录

赵某是一家食品厂的厂长，由于经营不善，赵某向银行贷款 20 万元，约定 1 年后归还。到期后，赵某无偿还能力，双方签订了一份贷款抵押协议书，约定赵某欠的 20 万元 2 年后归还，如果

① 解答：A。

届时不还就以其厂里的设备、厂房作抵押。该协议依法办理了抵押登记。这期间，赵某的另一个债主张某要求赵某归还之前的欠款，赵某又将厂房、设备作抵押，约定了1年的还款期，但未作登记。两笔借款都快到期了，赵某依然无力偿还债务。那么，银行和张某该如何实现自己的抵押权？

## 律师分析

本案涉及的是重复抵押以及物上存在数个抵押权时抵押权的实现顺序问题。根据《民法典》第三百九十五条的规定，生产设备、原材料、半成品、产品可以作为抵押财产。所以，赵某与张某、银行之间的抵押合同均是合法有效的。此外，根据《民法典》第四百一十四条的规定，同一财产向两个以上债权人抵押的，拍卖、变卖抵押财产所得的价款，抵押权已经登记的先于未登记的受偿；抵押权皆已经登记的，按照登记的时间先后确定清偿顺序；顺序相同的，按照债权比例清偿；抵押权均未登记的，按照债权比例清偿。本案中，银行与赵某的抵押协议作了登记，因此，其抵押权优先于张某的抵押权。法院将赵某的食品厂折价或者拍卖、变卖后，首先用于清偿银行的20万元贷款及利息，清偿后的余额部分用于清偿张某的债权。

## 法条链接

**《中华人民共和国民法典》**

第三百九十五条　债务人或者第三人有权处分的下列财产可以抵押：

……

（四）生产设备、原材料、半成品、产品；

……

第四百一十四条　同一财产向两个以上债权人抵押的，拍卖、变卖抵押财产所得的价款依照下列规定清偿：

（一）抵押权已经登记的，按照登记的时间先后确定清偿顺序；

（二）抵押权已经登记的先于未登记的受偿；

（三）抵押权未登记的，按照债权比例清偿。

其他可以登记的担保物权，清偿顺序参照适用前款规定。

## 温馨提示

在就动产设立抵押权时，债权人最好要求进行抵押权登记。这样不仅可以对抗抵押合同之外的其他人，而且能够在抵押人多次抵押的情况下，让自己的债权处于优先受偿的优势地位，切实保障债权的实现。

## 自测小题

选择：陈某为了获得借款，先后将房产抵押给了李某、林某，均未签订抵押合同且未办理抵押登记。债务到期后，陈某未能履行清偿义务，下列说法正确的是[1]（　）。

A. 李某和林某有权按照债权比例就房产价值优先受偿

B. 李某和林某均无抵押权

C. 林某和李某可以直接向人民法院申请拍卖陈某的房产

① 解答：B。

## 抵押的门面房产生的租金应由谁收取？

### 案例实录

胡某向孙某借款10万元，约定1年后归还，胡某将自己的一间门面房抵押给孙某，双方办理了抵押登记手续。由于该门面房处于闹市区，在抵押之前胡某将其租给了李某开服装店，月租1万元。借款到期后，胡某并未还钱，孙某便欲行使抵押权，却发现该房因胡某与他人的另一项债权关系，被债权人请求了财产保全而被扣押。那么，此时孙某能否向李某收取租金来清偿胡某的欠款呢？

### 律师分析

抵押权的成立不需要转移抵押物的占有，所以，原则上由抵押人收取抵押物孳息，而抵押权人无此权利。《民法典》第四百一十二条规定："债务人不履行到期债务或者发生当事人约定的实现抵押权的情形，致使抵押财产被人民法院依法扣押的，自扣押之日起，抵押权人有权收取该抵押财产的天然孳息或者法定孳息，但是抵押权人未通知应当清偿法定孳息义务人的除外。前款规定的孳息应当先充抵收取孳息的费用。"本案中，胡某的债权已届清偿期，且其作为抵押物的门面房已被扣押，此时孙某可以通知承租人李某将租金交给自己，以实现债权。

### 法条链接

**《中华人民共和国民法典》**

第四百一十二条　债务人不履行到期债务或者发生当事人约

定的实现抵押权的情形，致使抵押财产被人民法院依法扣押的，自扣押之日起，抵押权人有权收取该抵押财产的天然孳息或者法定孳息，但是抵押权人未通知应当清偿法定孳息义务人的除外。

前款规定的孳息应当先充抵收取孳息的费用。

## 温馨提示

抵押权人可以通知义务人直接将孳息交付给自己，但需要满足两个条件：（1）抵押权实现的条件成立；（2）抵押物已经被法院依法扣押。取得孳息之后，应首先用于抵偿收取孳息的费用，然后才能拿来清偿债权。需要注意的是，孳息收取权的行使方式是通知孳息交付义务人向自己交付，而不是积极主动地行使抵押人原本享有的权利，如果未进行此项通知，则不得收取孳息。

## 自测小题

选择：按照《民法典》的规定，关于孳息的归属，下列说法正确的是[①]（　）。

A. 除非当事人另有约定，标的物在交付之前产生的孳息，归出卖人所有；交付之后产生的孳息，归买受人所有

B. 保管期间，保管物产生的孳息归保管人所有

C. 提存期间，标的物的孳息归债务人所有

① 解答：A。

## 抵押人减少抵押物价值，债权人能否要求债务人提前偿还债务？

### 案例实录

某桑蚕生物科技有限公司为筹措50万元科研经费，将15万株桑树及桑树所占的350亩地的使用权（租用）抵押给农村信用合作社（以下简称农信社）。几个月后，农信社发现科技公司卖了不少桑树，而且还在陆续卖。农信社紧急书面通知科技公司，要求其立即停止出卖行为，并要求在指定的时间由双方共同进行盘点，对减少的抵押财产，要求科技公司补充。但科技公司一直未予回应。过了一段时间，科技公司仍无答复。农信社通知科技公司还款，该公司以未到还款期限为由拒绝。那么，农信社能否要求科技公司提前还款呢？

### 律师分析

抵押权设立后，抵押权人并不实际占有抵押财产，抵押财产仍由抵押人占有、使用和收益，在抵押期间，可能由于抵押人的行为致使抵押财产价值减少，损害抵押权人的利益。因此，《民法典》对此种行为作出了限制性规定，即如果抵押人的行为足以使抵押财产价值减少，抵押权人可以要求抵押人停止该行为，恢复抵押财产的价值，或者提供与减少的价值相应的担保。否则，抵押权人有权要求债务人提前清偿债务。本案中，农信社采取的措施符合以上法律规定，如果科技公司拒绝提前清偿债务，农信社可以向人民法院起诉，依靠国家强制力收回贷款。

## 法条链接

**《中华人民共和国民法典》**

第四百零八条　抵押人的行为足以使抵押财产价值减少的，抵押权人有权请求抵押人停止其行为；抵押财产价值减少的，抵押权人有权请求恢复抵押财产的价值，或者提供与减少的价值相应的担保。抵押人不恢复抵押财产的价值，也不提供担保的，抵押权人有权请求债务人提前清偿债务。

## 温馨提示

实践中，很多时候即使抵押人停止其行为，也已造成抵押财产价值减少，使抵押权人的利益受到损害。因此，抵押权人有权要求抵押人恢复抵押财产的价值，如修缮破旧的房屋、修理损坏的车辆等。抵押财产的价值难以恢复或者恢复的成本过高的，抵押权人也可以要求抵押人提供与减少的价值相当的担保，或者由第三人对该债务提供保证担保。

## 自测小题

选择：甲公司向乙公司贷款时，提供了一排厂房作抵押担保。债务履行期间，该排厂房遭台风袭击发生坍塌。对此，乙公司可以①（　）。

A. 要求甲公司提前清偿债务

B. 要求甲公司修葺厂房，恢复厂房价值

C. 要求甲公司补充提供相应的担保

① 解答：B、C。

## 债权人放弃债务人的抵押，其他抵押人可以免除担保责任吗?

### 案例实录

甲向乙借款50万元，以自己的房屋作抵押并办理了抵押登记。同时，甲的好友丙也以自己的汽车作抵押，为甲的借款办了抵押登记。后来，甲与乙在合作中成为好友，乙对甲说："我相信你，房子抵押的事就算了。"并当面撕毁了抵押合同。丙得知后，要求自己也不再承担抵押责任。丙的要求有法律依据吗?

### 律师分析

丙的要求有法律依据。《民法典》规定，如果在一个债权债务关系中，既有债务人的抵押，又有第三人的抵押，而债权人放弃债务人提供的抵押担保的，其他抵押人可以在抵押权人丧失优先受偿权益的范围内免除担保责任。本案中，债权人乙放弃了债务人甲的抵押担保，作为其他抵押人的丙有权在抵押权人丧失优先受偿权益的范围内免除担保责任。

### 法条链接

**《中华人民共和国民法典》**

第四百零九条第二款　债务人以自己的财产设定抵押，抵押权人放弃该抵押权、抵押权顺位或者变更抵押权的，其他担保人在抵押权人丧失优先受偿权益的范围内免除担保责任，但是其他担保人承诺仍然提供担保的除外。

### 温馨提示

《民法典》第四百零九条第二款是针对被担保的债权既有以债务人自己的财产作抵押的抵押担保又有其他担保的情形而作出的特别规定。这里的“其他担保人”既包括为债务人担保的保证人，也包括提供抵押、质押担保的第三人。

### 自测小题

选择：债务人以放弃其债权、放弃债权担保、无偿转让财产等方式无偿处分财产权益，或者恶意延长其到期债权的履行期限而影响债权人的债权实现的，债权人可以怎么办？①（　）

A. 请求人民法院宣告该行为无效

B. 请求人民法院撤销债务人的行为

C. 请求人民法院准予自己代位行使债务人的权利

## 抵押权到期不行使会作废吗?

### 案例实录

程某向朱某借款5万元，期限为1年，并以自己的轿车作为抵押提供担保。1年的期限届满后，朱某要求程某还钱，程某表示现在没钱，暂时不还。又过了1年，朱某再次要求程某还钱，程某仍推拖。朱某要求对程某的轿车行使优先受偿权，程某以朱某在借款期限届满时未主张抵押权而使抵押权归于无效为由，

① 解答：B。

拒绝朱某行使抵押权。朱某的抵押权会不会因没有及时行使而消灭?

## 律师分析

朱某的抵押权没过法定时效期限,仍然可以向朱某主张。《民法典》规定了诉讼时效制度,即当事人向法院请求保护其权利是有一定时间限制的,过了法定期限,法院对权利不再保护。抵押权作为一项权利,也受诉讼时效的限制。抵押权人如果在法定期限内没有行使抵押权,则抵押权归于消灭。根据《民法典》的规定,抵押权的诉讼时效与主债权期间相同,一般情况下诉讼时效期间为3年。本案中,抵押权的诉讼时效期间与主债权相同,即同为3年。朱某抵押权的3年诉讼时效期间未满,可以要求就被抵押的汽车优先受偿。

## 法条链接

**《中华人民共和国民法典》**

第一百八十八条　向人民法院请求保护民事权利的诉讼时效期间为三年。法律另有规定的,依照其规定。

诉讼时效期间自权利人知道或者应当知道权利受到损害以及义务人之日起计算。法律另有规定的,依照其规定。但是,自权利受到损害之日起超过二十年的,人民法院不予保护,有特殊情况的,人民法院可以根据权利人的申请决定延长。

第四百一十九条　抵押权人应当在主债权诉讼时效期间行使抵押权;未行使的,人民法院不予保护。

### 温馨提示

《民法典》第一百八十八条规定，抵押权人在主债权诉讼时效期间内未行使抵押权的，人民法院不予保护。也就是说，过了主债权诉讼时效期间后，抵押权人丧失的是抵押权受人民法院保护的权利，即胜诉权，而抵押权本身并没有消灭，如果抵押权人自愿履行担保义务，抵押权人仍可以行使抵押权。

### 自测小题

判断：诉讼时效届满后，权利人就不能起诉了。[①]（　）

## 催收债务也有时间限制吗？

### 案例实录

某生物医药公司欲扩大经营规模，扩建厂房，便向乙银行贷款 1000 万元，双方约定半年一次性还本付息。医药公司以自己的一栋房屋作为抵押，双方签订了抵押合同。贷款合同到期后，医药公司没有清偿债务，乙银行便每个月向其催收，均无结果。乙银行最后一次向医药公司催收的时间是 2020 年 12 月 31 日。那么，乙银行在什么时间内催收债务才能得到法院支持？

### 律师分析

根据《民法典》的有关规定，主债权消灭、抵押权实现、债权人放弃抵押权以及抵押财产灭失的，抵押权消灭。那么，在上

① 解答：错误。

述任何一种情况都没有发生的情况下，抵押权是否能一直存续下去呢？对此，《民法典》第四百一十九条规定："抵押权人应当在主债权诉讼时效期间行使抵押权；未行使的，人民法院不予保护。"本案中，医药公司与乙银行的主债务诉讼时效期间到 2023 年 12 月 31 日截止，所以抵押权的行使期间到 2025 年 12 月 31 日止，乙银行只有在此之前行使抵押权，才能得到法院支持。

## 法条链接

**《中华人民共和国民法典》**

第四百一十九条　抵押权人应当在主债权诉讼时效期间行使抵押权；未行使的，人民法院不予保护。

## 温馨提示

随着市场经济的快速运转，如果允许抵押权一直存在，可能会使抵押权人怠于行使抵押权，不利于发挥抵押财产的经济效用，从而制约经济的发展。因此，《民法典》第四百一十九条对此作出了限制性规定。这一规定旨在促使抵押权人积极行使权利，促进经济发展。

## 自测小题

选择：出现以下哪些情形，诉讼时效期间要重新计算？[1]（　）

A. 权利人向义务人提出履行请求

B. 权利人提起诉讼或者申请仲裁

C. 义务人同意履行义务

---

① 解答：A、B、C。

## 债权人有权在微信朋友圈公开债务人的房本吗？

### 案例实录

张某与陈某是多年的老同学，虽然很少见面，但两人经常用微信联系。2020 年 8 月，张某因扩大生意需要用钱，但手里的钱不够，于是向陈某借了 100 万元，并用自己名下的一套房产作抵押。某日，张某与陈某去不动产登记中心办理抵押登记，但令张某没想到的是，陈某把自己的不动产权证拍照发到了微信朋友圈里，导致很多人知道自己向陈某借钱的事情。对此，张某十分不满，要求陈某删除该条朋友圈并向自己道歉。陈某觉得自己没有做错什么，没有理由向张某道歉，两人为此不欢而散。那么，陈某的做法合适吗？

### 律师分析

陈某的做法不仅不合适，还违反了法律。《民法典》第二百一十六条第一款规定："不动产登记簿是物权归属和内容的根据。"此外，《民法典》第二百一十九条规定："利害关系人不得公开、非法使用权利人的不动产登记资料。"也就是说，不动产登记簿作为物权人权利的记载薄，债权人等利害关系人不能公开、非法使用权利人的不动产登记资料。

在上述案例中，张某借款后将自己的房屋抵押给陈某，陈某作为债权人及抵押权人，属于利害关系人，不能将张某的不动产权证在朋友圈里公开。陈某应该删除该条朋友圈，消除影响，并向张某赔礼道歉。

## 法条链接

**《中华人民共和国民法典》**

第二百一十六条第一款　不动产登记簿是物权归属和内容的根据。

第二百一十九条　利害关系人不得公开、非法使用权利人的不动产登记资料。

## 温馨提示

不动产权证记载了房主和房屋的基本信息，是确定房主对房屋权利的根据，同时属于房主个人信息的范畴，知悉不动产权证信息的人和单位应注意保密。

## 自测小题

判断：谭某买了新房，办了不动产权证后，即使自己拍照发朋友圈也是不合法的。①（　）

① 解答：错误。

# 第七章

# 质　权

## 什么是质权？质权自何时起成立？

### 案例实录

5 月 1 日，王某向田某借款 1 万元，以自家新买的 1 台液晶电视作为质押，当时田某就把 1 万元钱交给王某。5 月 15 日，王某把电视搬到田某家。那么，田某的质权成立于哪一天？

### 律师分析

现实生活中，人们在遇到资金短缺等情形时会找他人寻求帮助，他人可能要求借款人拿出一定的物品交给其占有作为担保，这种将财产转移给债权人占有作为债务担保的情况就是法律上常说的动产质押。《民法典》第四百二十九条规定："质权自出质人交付质押财产时设立。"本案中，田某的质权成立于 5 月 15 日。所谓质押，是指债权人为了保证债权能够实现，占有债务人或者第三人提供的财产，如果债务人到期不履行债务，债权人可以就该财产的价值优先受偿。《民法典》规定，质权设立于交付质押财产时。在本案中，5 月 15 日王某交付了质押财产，所以 5 月 15 日为质权设立的时间。

### 法条链接

**《中华人民共和国民法典》**

第四百二十五条 为担保债务的履行，债务人或者第三人将其动产出质给债权人占有的，债务人不履行到期债务或者发生当事人约定的实现质权的情形，债权人有权就该动产优先受偿。

前款规定的债务人或者第三人为出质人，债权人为质权人，交付的动产为质押财产。

第四百二十九条 质权自出质人交付质押财产时设立。

### 温馨提示

质权是担保物权的一种。质权是指质权人的权利。动产质权有以下 4 个特征：(1) 动产质权是担保物权；(2) 动产质权的标的物为他人的财产；(3) 动产质权是以债权人占有质物为生效条件；(4) 动产质权是就质物价值优先受偿的权利。

### 自测小题

选择：设立质权，应当采取何种形式？[1]（ ）

A. 书面 B. 口头 C. 登记

## 质权人可以使用质押物吗？

### 案例实录

齐某向王某借款 5000 元，王某要求其提供担保，齐某说自己

① 解答：A。

有1台手提电脑可以用来质押，但王某不得使用，以免造成电脑损耗。王某同意，于是把钱借给了齐某。在还款期届满前，王某未遵守约定将电脑拿来使用，并在使用过程中未加注意导致电脑损坏。王某可以使用他人质押给自己的电脑吗？他是否应对电脑的损坏承担赔偿责任？

### 律师分析

王某无权擅自使用电脑，他应当赔偿齐某的损失。《民法典》规定，未经出质人许可，质权人不得擅自使用质物。如果因擅自使用质物造成质押物损坏，应当承担赔偿责任。本案中，王某没有经过齐某许可擅自使用电脑并造成电脑损坏，应当依法承担赔偿责任。

### 法条链接

**《中华人民共和国民法典》**

第四百三十一条　质权人在质权存续期间，未经出质人同意，擅自使用、处分质押财产，造成出质人损害的，应当承担赔偿责任。

### 温馨提示

现实中，用于抵押的大多是不动产，而用于质押的是容易转移的动产。质权人占有质物的目的在于控制质物，保证债权的实现。物的担保在于其交换价值而非使用价值，因此，质权人取得质物、控制质物是为了质物不被出质人随意处分而使担保落空，质权人使用、处分质物不是设定质权的目的。所以，质权人非经出质人同意不得擅自使用、出租、处分质物。

### 自测小题

选择：莫某为了借钱还债，将自己收藏的名画出质给了林某。未经过莫某同意，林某邀请朋友到家中赏画。不料，该画在欣赏会后遗失。谁应当承担赔偿责任？[①]（　）

A. 林某　　　　B. 林某的朋友

C. 莫某

## 作为质押物的电脑被他人拿走，谁有权要回？

### 案例实录

甲急需用钱，便向乙借款5000元，将自己的一台笔记本电脑出质给乙。丙与乙是好朋友，丙的电脑坏了，便向乙借电脑使用。因为是朋友，乙便将甲出质的笔记本电脑无偿借给了丙使用。一天，丁向丙催要欠款，丙告诉丁自己目前没有偿还能力，丁一气之下便拿走了笔记本电脑，并称要以此抵债。那么，此时谁有权要回笔记本电脑呢？

### 律师分析

《民法典》第二百三十五条规定："无权占有不动产或者动产的，权利人可以请求返还原物。"本案中，甲是笔记本电脑的所有人，自然有权请求丁返还，而乙是基于其与甲的抵押权，暂时占有笔记本电脑，也可以请求丁返还。此外，《民法典》第四百六十

① 解答：A。

二条规定："占有的不动产或者动产被侵占的，占有人有权请求返还原物；对妨害占有的行为，占有人有权请求排除妨害或者消除危险；因侵占或者妨害造成损害的，占有人有权依法请求损害赔偿。占有人返还原物的请求权，自侵占发生之日起一年内未行使的，该请求权消灭。"本案中，丙虽然没有该电脑的所有权，但是乙无偿借给丙使用，因此丙是占有人，其占有的标的物被侵占后，也有权请求返还原物。

## 法条链接

**《中华人民共和国民法典》**

第二百三十五条　无权占有不动产或者动产的，权利人可以请求返还原物。

第四百六十二条　占有的不动产或者动产被侵占的，占有人有权请求返还原物；对妨害占有的行为，占有人有权请求排除妨害或者消除危险；因侵占或者妨害造成损害的，占有人有权依法请求损害赔偿。

占有人返还原物的请求权，自侵占发生之日起一年内未行使的，该请求权消灭。

## 温馨提示

占有人对于他人侵占或者妨害自己占有的行为，可以行使法律赋予的占有保护请求权，如返还原物、排除妨害或者消除危险等。需要注意的是，《民法典》对占有保护请求权中的返还原物请求权也有时间限制，自侵占发生之日起 1 年内未行使的，该请求权消灭。

## 自测小题

选择：质押期间，质权人没有妥善保管质物，导致质物受损，损失由谁承担?[①]（ ）

A. 质权人　　　　B. 出质人

C. 质权人和质押人分摊

## 私自转质，造成质押财产损坏怎么办?

### 案例实录

邓某向古某借款10万元，约定1年后清偿。借款当日，邓某将1辆汽车交给古某作质押。这期间，古某又向范某借款5万元，期限为6个月。在未征得邓某同意的情况下，古某将邓某质押给自己的汽车出质给范某。不久前，范某驾驶该汽车外出发生交通事故，汽车被撞毁。那么，古某应当承担什么责任?

### 律师分析

质权人为担保自己或者他人的债务，在占有的质物上再次设定质权的称为转质，所成立的质权为转质权。转质既可适用于动产质权，也可适用于权利质权。按照《民法典》的规定，质权人可以转质，但是要征得原出质人的同意。如果擅自转质，造成质押物损毁、灭失，转质人要承担赔偿责任。也就是说，在未经过出质人同意的情况下债权人就将质押财产转质给其他人，造成质

① 解答：A。

押财产毁损、灭失的，出质人可以要求债权人承担相应的赔偿责任。本案中，古某未经邓某同意，擅自将邓某出质给他的汽车转质给他人，导致汽车毁坏，因此应当向邓某承担赔偿责任。

## 法条链接

**《中华人民共和国民法典》**

第四百三十四条　质权人在质权存续期间，未经出质人同意转质，造成质押财产毁损、灭失的，应当承担赔偿责任。

## 温馨提示

转质，是指质权人为担保自己或他人的债务，将质物转移给第三人再度设定新的质权。在原质权关系中，关系人为出质人与质权人；在转质关系中，原质权人成为转质人，因转质而取得质权的债权人，为转质权人。《民法典》不提倡转质，但也没有禁止转质。为了保护出质人的利益，法律规定的原则是，未经出质人同意不允许转质，质权人转质的则要承担赔偿责任。

## 自测小题

选择：发现质权人的行为可能使质押财产毁损、灭失，出质人可以怎么做？①（　）

A. 请求质权人将质押财产提存

B. 请求提前清偿债务并返还质押财产

C. 请求质权人将质物交给出质人保管

① 解答：A、B。

## 没有及时实现质权导致质押物贬值，损失由谁承担？

### 案例实录

罗某因急需一笔资金而向崔某借款8万元，崔某同意借款但要求罗某以其轿车提供质押担保。双方经过协商签订了借款合同和质押合同。借款期限届满后，罗某无力偿还崔某的借款，于是多次要求崔某及时对质押的轿车折价、拍卖或变卖。但崔某迟迟未能实现质权，罗某只能请求人民法院变卖质押的轿车。这时由于受到市场价格因素的影响，该轿车变卖的价款比原来降低了1万元。轿车贬值的损失应由谁来承担？

### 律师分析

轿车贬值的损失应由崔某承担。根据《民法典》第四百三十七条的规定，当出质人要求质权人及时行使质权，质权人因迟延行使质权并因此给出质人造成损失时，出质人可以要求质权人赔偿损失。就本案而言，罗某在无力清偿崔某的欠款后与崔某联系要求其行使质权，但崔某未能及时行使质权，导致罗某的轿车变卖的价款降低了1万元，因此崔某应当承担罗某这1万元的损失。

### 法条链接

**《中华人民共和国民法典》**

第四百三十七条　出质人可以请求质权人在债务履行期限届满后及时行使质权；质权人不行使的，出质人可以请求人民法院拍卖、变卖质押财产。

出质人请求质权人及时行使质权，因质权人怠于行使权利造成出质人损害的，由质权人承担赔偿责任。

## 温馨提示

虽然《民法典》未规定质权的时效，但为了避免质权人滥用权利、怠于行使权利，该法赋予出质人行使质权的请求权及质权人怠于行使质权的责任，即：（1）出质人在债务履行期届满，不能偿还债务时，有权请求质权人及时行使质权，如果质权人经出质人请求后仍不行使，出质人有权径行到人民法院要求拍卖、变卖质物，以清偿债务。（2）因质权人怠于行使权利致使质物价格下跌，或者发生其他毁损、灭失等使质物无法实现其原有的变价额，质权人对出质人的损失要承担赔偿责任。

## 自测小题

选择：因政策变化，质物的价值可能降低，甚至导致质权人权利无法实现，质权人可以怎么做?①（　）

A. 请求出质人提供相应的担保

B. 请求出质人提前清偿债务并返还质物

C. 直接拍卖、变卖质押财产

# 质押的定期存折已到期，可以要求先取款偿还未到期的债吗?

## 案例实录

金某因孩子开学急需6000元钱，自己有个5万元的5年定期

① 解答：A、B。

的存折还有2个月到期，若现在取款会损失一笔利息。于是金某与吴某商议，先从吴某处借6000元，3个月后还本付息，以自己那张存折作为质押。吴某同意，将存折交吴某占有。上周，金某的定期存款到期，吴某要求金某把钱取出来偿还自己。金某以未到还款期为由拒绝。吴某可以要求金某提前还款吗？

## 律师分析

吴某可以要求金某提前还款。本案涉及的是权利质押的法律问题，所谓权利质押，是指以所有权之外的财产权为标的物设定的质押。权利质押主要以债权、股东权和知识产权中的财产权利作为质押物。《民法典》规定，在权利质押中，如果权利兑现的日期先于主债权到期，质权人可以要求兑现或者提货，当事人可以协商将兑换的价款或提取的货物提前清偿债权或者提存。据此，本案中金某不能以债权未到期为由拒绝吴某提取存款单上的存款。

## 法条链接

**《中华人民共和国民法典》**

第四百四十一条　以汇票、本票、支票、债券、存款单、仓单、提单出质的，质权自权利凭证交付质权人时设立；没有权利凭证的，质权自办理出质登记时设立。法律另有规定的，依照其规定。

第四百四十二条　汇票、本票、支票、债券、存款单、仓单、提单的兑现日期或者提货日期先于主债权到期的，质权人可以兑现或者提货，并与出质人协议将兑现的价款或者提取的货物提前清偿债务或者提存。

### 温馨提示

在我国，部分债券如记账式国库券和在证券交易所上市交易的公司债券等都已经实现无纸化，这些债券没有权利凭证，如果要出质，就必须到法律、法规规定的有关部门办理出质登记，质权自登记时设立。

### 自测小题

选择：强某手中有一张支票，但是没有权利凭证，他想将其出质给刘某以实现借款目的。如果刘某同意，质权自何时设立?①（　）

A. 自刘某同意时　　B. 自质押合同订立时

C. 自办理出质登记时

## 存款单怎样出质?

### 案例实录

老吴和老王是生意场上的老朋友，经常在资金上互相拆借。二人虽是朋友，但生意归生意，还是按照规矩做事，即一要有担保；二要有利率，按银行存款利率收取利息。一次，老吴又向老王借10万元，承诺到年底清偿。老吴这次把一张10万元的5年期存单押给了老王，而这张存单7月份到期。这下老王犯了难，两人之间的贷款要到年底才清偿，那么，这张存单到期后存款该如何处置呢?

---

① 解答：C。

## 律师分析

根据《民法典》第四百四十一条的规定可知，质权合同订立后，质权设立的情形分两种：（1）有权利凭证的，质权自权利凭证交付质权人时设立；（2）没有权利凭证的，质权自有关部门办理出质登记时设立。本案中，老吴将存单交给老王，两人之间的质权合同成立。另外，根据《民法典》第四百四十二条的规定，兑现日期或者提货日期先于主债权到期的，质权人可以兑现或者提货，并与出质人协议将兑现的价款或者提取的货物提前清偿债务或者提存。所以，本案中的存单 7 月份到期后，老王可以到银行兑换现金，然后与老吴协商，要么提前还债，要么提存。

## 法条链接

**《中华人民共和国民法典》**

第四百四十一条　以汇票、本票、支票、债券、存款单、仓单、提单出质的，质权自权利凭证交付质权人时设立；没有权利凭证的，质权自办理出质登记时设立。法律另有规定的，依照其规定。

第四百四十二条　汇票、本票、支票、债券、存款单、仓单、提单的兑现日期或者提货日期先于主债权到期的，质权人可以兑现或者提货，并与出质人协议将兑现的价款或者提取的货物提前清偿债务或者提存。

## 温馨提示

质权人兑现款项或者提取货物后不能据为己有，必须通知出质人，并与出质人协商，可以用兑现的价款或者提取的货物提前清偿债务，可以将兑现的价款或者提取的货物提存。提前清偿债务的，质权得以消灭；提存的，质权继续存在于提存的价款或货物上。但是，出质人只能在提前清偿债务和提存中任选其一，不能既不同意提前清偿债务，也不同意提存。

### 自测小题

判断：方某持有某公司的债券，最近，他想利用债券出质借款。寻到意向贷款人后，对方告诉他债券是不能出质的，其说法正确吗?[①]（　）

## 股权可以出质吗?

### 案例实录

老杨开了一家摩托车修理店，老郭是他的一个老主顾。一天，老郭找到老杨，向老杨借 2 万元，并保证年底连本带利一起还清。为了取得老杨的信任，老郭拿出一张卡递给老杨。老杨一看，是一张证券记账卡，里面有某股票 3 万股。老杨从未炒过股，但很有兴趣，准备试试，就收下了。过了一段时间，老杨突然想起这张卡，准备好好研究一下，就拿着卡去了证券公司，却被告知该卡是已经挂失的废卡。老杨赶紧联系老郭，可是老郭早已不见人影。那么，老杨的失误在哪里呢?

### 律师分析

以基金份额、股权出质的，双方当事人一般应当订立书面合

① 解答：错误。

同。但是，合同订立后，质权并不当然设立。根据《民法典》第四百四十三条第一款的规定可知，以基金份额、股权出质的，质权自办理出质登记时设立。本案中，老杨没有严格依法办理登记，因此无法获知老郭已经挂失并取得了新卡，因而给自己造成了损失。

## 法条链接

**《中华人民共和国民法典》**

第四百四十三条　以基金份额、股权出质的，质权自办理出质登记时设立。

基金份额、股权出质后，不得转让，但是出质人与质权人协商同意的除外。出质人转让基金份额、股权所得的价款，应当向质权人提前清偿债务或者提存。

## 温馨提示

依法应当在证券登记结算机构登记的股权，包括上市公司的股权、公开发行股份的公司的股权、非公开发行但股东在 200 人以上的公司的股权等，这些股权的表现形式都为股票。根据《证券法》的规定，这些股票都实现无纸化管理，其发行、转让等行为都要受证券监督管理机构的监管，股票的过户、结算、保管等行为都通过证券登记结算机构。因此，这些股权的出质，质权须到证券登记结算机构办理出质登记才能设立。

## 自测小题

选择：已经购买的基金可以出质吗？质权自何时设立？[1]（　）

---

① 解答：C。

A. 不可以

B. 可以，质权自质押合同成立时设立

C. 可以，质权自办理出质登记时设立

## 知识产权能否设定质押?

### 案例实录

老贾经常读读写写，近几年发表了不少诗歌，正准备整理出版。但是，因为诗集的销量很低，出版社希望老贾交一笔资助费。由于没有积蓄，老贾向朋友老张借了5000元，并以其一部书稿质押。双方办理了登记。后由于经验不足，老贾被人欺骗，5000元全部赔光。老贾便将书稿折价卖给了老张。老张将书稿出版后署上了自己的名字。老贾认为署名权是自己的，而老张则认为书稿的所有权已经归自己了，自己想怎么处置都可以。针对本书稿的质押该如何处理?

### 律师分析

能够作为质权标的物的知识产权需要满足两个条件：（1）能转让；（2）是财产性权利。根据《民法典》第四百四十四条的规定可知，著作权质押是债务人或者第三人依法将其著作权中的财产权出质，将该财产权作为质押的担保。债务人不履行债务时，债权人有权依法以该财产权折价或者以拍卖、变卖该财产权的价款优先受偿。本案中，老贾质押的著作权是合法的，他与老张之间订立的以著作权作为质权标的的质押合同也是合法的，而其没有能力偿还价款，折价卖书稿来代偿也是合法的。但是，署名权是人身权，并不是财产权，其不随质权的实现而丧失，也不能转让。所以，老张没有署名权，不能因享有书稿的所有权而自然取得署名权。

## 法条链接

**《中华人民共和国民法典》**

第四百四十四条　以注册商标专用权、专利权、著作权等知识产权中的财产权出质的，质权自办理出质登记时设立。

知识产权中的财产权出质后，出质人不得转让或者许可他人使用，但是出质人与质权人协商同意的除外。出质人转让或者许可他人使用出质的知识产权中的财产权所得的价款，应当向质权人提前清偿债务或者提存。

## 温馨提示

以知识产权中的财产权出质的，“质权自办理出质登记时设立”。这样可以强化权利公示，加强控制，保证非经出质人与质权人协商同意，出质人不能转让或者许可他人使用，使质权得到切实的保护。

## 自测小题

选择：为了担保债权实现，甲公司要求乙公司将专利权出质给自己，后乙公司同意并办理了质押登记。质押期间，乙公司在未通知甲公司的情形下将专利权转让给丙公司。关于本案，下列说法正确的是①（　）。

A. 乙公司不得擅自转让专利权

① 解答：A、B。

B. 专利权转让合同有效

C. 专利权转让合同可撤销

## 同一动产既被抵押又被质押，哪一个优先受偿？

### 案例实录

王某向刘某借8万元钱，借款期限为6个月。王某以自己收藏的一幅名人字画作为抵押。双方签订了抵押合同，但未办理登记。后王某又向毕某借款5万元，并将该字画出质给毕某，借款期限为6个月。王某届期未能清偿毕某的借款，毕某欲变卖字画以实现债权。刘某认为自己对该字画有抵押权，应就字画款优先于毕某受偿。刘某的主张合法吗？

### 律师分析

刘某不能优先于毕某受偿。我国法律规定，在动产上既可以设立抵押权，也可以设立质权。对于同一动产上设立两种权利哪一种优先受偿的问题，《民法典》第四百五十六条规定："同一动产上已经设立抵押权或者质权，该动产又被留置的，留置权人优先受偿。"本案中，虽然王某与刘某先签订了抵押合同，但并未办理抵押登记。而王某将字画交付给毕某在先，故毕某的质权优先于刘某受偿。另外，根据《民法典》的规定，王某与刘某之间的抵押并不需要进行强制性的抵押登记。因此，当王某和刘某签订抵押借款合同时，抵押便已发生法律效力。但王某又将该画质押给了毕某，情况就发生了变化。因为毕某此前并不知道该画已经抵押，其作为善意第三人与王某订立质押合同，并占有了该画，质押的合同便已发生法律效力。根据《民法典》的规定，当事人未办理抵押登记的，不得对抗善意第三人。因此，本案中的质押权优先于抵押权受偿。

## 法条链接

**《中华人民共和国民法典》**

第四百零三条　以动产抵押的，抵押权自抵押合同生效时设立；未经登记，不得对抗善意第三人。

第四百一十五条　同一财产既设立抵押权又设立质权的，拍卖、变卖该财产所得的价款按照登记、交付的时间先后确定清偿顺序。

## 温馨提示

《民法典》第四百五十六条明确了同一动产上无论留置权产生于抵押权或者质权之前，还是产生于抵押权或者质权之后，效力都优先于抵押权或者质权。也就是说，留置权对抵押权或者质权的优先效力不受其产生时间的影响。而且留置权对抵押权或者质权的优先效力不受留置权人在留置动产时是善意还是恶意的影响。

## 自测小题

问答：罗某与刘某订立合同，将自家的汽车抵押给刘某，未办理抵押登记。后罗某未履行清偿义务，刘某主张实现抵押权。罗某却说双方没办理抵押登记，根本没有设立抵押权。其说法正确吗？[①]

---

① 解答：罗某的说法不正确。汽车属于动产，其抵押权自抵押合同生效时设立；未经登记，不得对抗善意第三人。

# 第八章

# 留置与占有

## 货运到后托运人不交运费怎么办?

### 案例实录

个体货运司机高某把一车大米送给粮店后，粮店不肯按货运合同支付6000元运费，声称托运是供货方代办的，高某的运费太高了，以往他们运大米的运费只要4000元。但高某认为，出现这种情况是因为粮店当初没有就运费问题与供货方协商好，与自己无关，粮店作为收货方应该支付自己运费。粮店不同意，只给高某4000元钱。这种情况下，高某要怎么做才能要回应得的运费?

### 律师分析

高某可以依法对这车大米行使部分留置权。所谓留置权，是指债权人在债务人不履行债务的情况下，可以留置他占有的并且与债权的发生有牵连关系的动产，并可以就该动产优先受偿。本案中，作为债务人的粮店拒不向高某支付运费，而这笔运费是基于高某为粮店运送大米而产生的，很显然这车大米“与债权的发生有牵连关系”，所以高某可以留置这车大米中相当于6000元价值的部分，如果粮店如约支付运费，高某须把大米还给粮店；如果粮店坚持不付运费，在2个月的宽限期过后，高某可以请求人民法院变卖这部分大米，所得价款优先偿付自己运费。

## 法条链接

**《中华人民共和国民法典》**

第四百四十七条第一款 债务人不履行到期债务，债权人可以留置已经合法占有的债务人的动产，并有权就该动产优先受偿。

第四百五十条 留置财产为可分物的，留置财产的价值应当相当于债务的金额。

## 温馨提示

留置权是法定担保物权，具有法定性。留置权只能直接依据法律的规定发生，不能由当事人自由设定。只要债务人不履行到期债务，债权人就可以依照法律规定留置已经合法占有的债务人的动产，并在符合法律规定的条件时，折价或者拍卖、变卖留置财产以受偿。

## 自测小题

选择：货物在运输过程中因不可抗力灭失，承运人未收取运费的，还能要求托运人支付运费吗？[①]（ ）

A. 可以要求托运人支付全部运费

B. 可以要求托运人按成本支付运费

C. 不可以要求支付运费

① 解答：C。

## 债务没到履行期，可以留置债务人的物品吗？

### 案例实录

养鸡专业户张某将自己的一车粮食送到加工厂加工成饲料，约定加工费为1万元，加工完成后1个月内付清全款。可是，该批粮食正在加工时，暴发了禽流感，张某家的鸡大批死亡。饲料加工厂担心张某到时不支付自己加工费，就停止加工，并扣留了未加工完的半车饲料，要求张某先支付加工费，并声称自己是在依法行使留置权。加工厂的做法合法吗？

### 律师分析

加工厂不能对张某的粮食行使留置权，其做法是不符合法律规定的。《民法典》规定，行使留置权的前提条件之一是债务人不履行到期债务。本案中，张某欠加工厂的加工费还未到期，加工厂也没有确切证据证明张某将不履行到期债务，因此不得行使留置权。

### 法条链接

**《中华人民共和国民法典》**

第四百四十七条第一款　债务人不履行到期债务，债权人可以留置已经合法占有的债务人的动产，并有权就该动产优先受偿。

### 温馨提示

债权人对已经合法占有的动产，不能当然成立留置权，留置权的成立须以债权已到清偿期而债务人未全部履行为要件。如果债权未到期，那么债务人仍处于自觉履行状态中，还不能判断债务人到期是否能履行债务，这时留置权还不能成立。只有在债务履行期限届满，债务人仍不履行债务时，债权人才能将其合法占有的债务人的动产留置。

### 自测小题

选择：留置财产后，留置权人与债务人的债务履行期限如何确定?①（　）

A. 留置权人与债务人协商确定

B. 没有约定或者约定不明确的，留置权人应当给债务人 90 日以上履行债务的期限，但是鲜活易腐等不易保管的动产除外

C. 没有约定或者约定不明确的，留置权人应当给债务人 60 日以上履行债务的期限，但是鲜活易腐等不易保管的动产除外

## 留置的动产价值可以大于债权吗?

### 案例实录

甲委托乙修理电脑主机（价值 2000 元左右）和显示器（价值 500 元左右），零件费及修理费共计 300 元。乙修理完毕后，甲拒不付费。乙将电脑主机和显示器留置，要求甲支付修理费 300 元。请问乙是否有权留置主机和显示器?

---

① 解答：C。

## 律师分析

乙可以扣留显示器，但不能扣留主机。《民法典》规定，如果留置财产为可分物，则留置财产的价值应当相当于债权金额。本案中，乙留置的主机和显示器总计约2500元，大大超过了300元的债权金额，该留置行为不合法。因此，乙只能留置与其债权金额大致相当的显示器，不得留置主机。

## 法条链接

**《中华人民共和国民法典》**

第四百五十条　留置财产为可分物的，留置财产的价值应当相当于债务的金额。

## 温馨提示

《民法典》第四百五十条对留置权的不可分性作了一定程度上的缓和，因为债权人留置财产是为了担保债权的实现，没有必要留置过多的财产。如果法律允许留置过多的财产，不仅对债务人不公平，有损其合法权益，也不利于物尽其用。

## 自测小题

填空：留置财产拍卖或变卖的，应当参照____________。[①]

① 解答：市场价格。

## 租房人在租房过程中致使房门受损，有赔偿责任吗？

### 案例实录

李某与房东签订的租赁合同租赁期到了，李某准备搬出该出租屋，便请房东来验收房子。双方在签订租赁合同时，李某交了部分押金，以保证合理使用房屋。如果房东验收房屋合格，则退还押金；如果发现屋内的物品被损坏，则根据损坏的程度扣除押金。结果，房东在验收中发现墙壁被李某用毛笔画得乱七八糟，而且李某在门上钉铁钉，由于钉子太粗，门板裂了。于是房东要扣除李某的部分押金，但李某不同意。双方遂发生纠纷。

### 律师分析

本案涉及占有的相关法律问题，李某应当对承租房屋的上述损坏承担赔偿责任。《民法典》中的占有，是指占有人对物的事实上的管领和控制的状态。在房屋租赁中，房屋由承租人管领和控制，也就是由承租人占有，占有人就应当承担基于占有的法律规定所应负的责任。《民法典》规定，占有人在占有、使用动产或不动产的过程中，致使动产或不动产受到损害的，恶意占有人应当承担赔偿责任。本案中，房屋墙上的画与门上的铁钉，显然都不属于房屋的自然损耗而是人为破坏，因此占有人（承租人）李某应当承担赔偿责任。

### 法条链接

**《中华人民共和国民法典》**

第四百五十八条　基于合同关系等产生的占有，有关不动产或者动产的使用、收益、违约责任等，按照合同约定；合同没有约定或者约定不明确的，依照有关法律规定。

第四百五十九条　占有人因使用占有的不动产或者动产，致使该不动产或者动产受到损害的，恶意占有人应当承担赔偿责任。

### 温馨提示

《民法典》没有对占有作出明确的界定。一般来说，占有是指占有人对物具有事实上的管领和控制的状态。根据物的法律关系，占有可以概括为以下 3 种情况：(1) 物权关系的占有，是指物权人占有标的物。(2) 债权关系的占有，是指因债的关系而发生的占有。(3) 无因管理关系的占有，是指无因管理人占有无因管理物，如拾得人占有遗失物。

### 自测小题

选择：下列哪种占有是合法的？[1]（　）

A. 车某基于买卖合同占有商品

B. 林某基于质押合同占有质物

C. 邵某入户盗窃后占有受害人的数码相机

## 出租的汽车损毁由谁承担赔偿责任？

### 案例实录

老谭买了辆载重车，租给小陈跑运输。年轻的小陈喜欢开快

① 解答：A、B。

车，为此，老谭没少批评他，可是小陈依然我行我素。一天，小陈又去送货。行驶到一处山路时，因路上行人和车辆都很少，小陈又开起了飞车。突然，在一个急转弯处，一个小孩挣脱了母亲的手，跑向马路对面。小陈紧急打方向盘，结果车撞到了山石上，导致发动机损毁。后交警认定小陈与孩子的父母各负50%的责任，但孩子的父母是农民，根本没有赔偿能力。那么，老谭该找谁赔偿自己的损失呢？

## 律师分析

虽然善意占有人于占有物上所行使的权利被推定为合法享有，其对被占有物的使用，被规定为占有人的权利，但该物毕竟在法律上不属于占有人所有，如果造成占有物毁损、灭失，占有人应当对物的真正权利人承担赔偿责任。本案中，虽然小陈是载重车的合法占有人，但其行为造成了载重车毁损的事实，给所有权人老谭造成了损失，根据《民法典》第四百六十一条的规定，小陈应该对该损失承担赔偿责任。当然，老谭还可以要求小孩的父母和保险公司承担部分赔偿金。

## 法条链接

**《中华人民共和国民法典》**

第四百六十一条　占有的不动产或者动产毁损、灭失，该不动产或者动产的权利人请求赔偿的，占有人应当将因毁损、灭失取得的保险金、赔偿金或者补偿金等返还给权利人；权利人的损害未得到足够弥补的，恶意占有人还应当赔偿损失。

## 温馨提示

权利人因被占有物的毁损、灭失所受的损害，因权利种类的不同而有差别。当权利人为所有权人时，赔偿范围应为物的价额；当权利人为运送人、质权人或租赁人时，对于占有物仅有限定的利益，其赔偿应以其限定的利益为限。

## 自测小题

选择：因租赁、借用等情形，机动车所有人、管理人与使用人不是同一人时，发生交通事故造成损害，属于该机动车一方责任的，由谁承担赔偿责任？[①]（ ）

A. 机动车使用人承担赔偿责任，机动车所有人或管理人承担与其过错相应的责任

B. 机动车所有人或管理人承担赔偿责任，机动车使用人承担与其过错相应的责任

C. 机动车使用人、机动车所有人或管理人承担连带责任

① 解答：A。